# 回到山村开民宿

## 我的惬意田园生活

枝子 —— 著

华中科技大学出版社
http://press.hust.edu.cn
中国·武汉

图书在版编目(CIP)数据

回到山村开民宿:我的惬意田园生活 / 枝子著. -- 武汉:华中科技大学出版社, 2024.7. -- ISBN 978-7-5772-0969-2

Ⅰ. F726.92

中国国家版本馆CIP数据核字第2024AG3446号

回到山村开民宿:我的惬意田园生活　　　　　　　　　　　　　　　　枝子　著
Huidao Shancun Kai Minsu:Wo de Qieyi Tianyuan Shenghuo

策划编辑:饶　静
责任编辑:陈　然
封面设计:琥珀视觉
责任校对:刘小雨
责任监印:朱　玢
出版发行:华中科技大学出版社(中国•武汉)　　电话:(027)81321913
　　　　　武汉市东湖新技术开发区华工科技园　　邮编:430223
录　　排:孙雅丽
印　　刷:湖北新华印务有限公司
开　　本:880mm×1230mm　1/32
印　　张:9
字　　数:224千字
版　　次:2024年7月第1版第1次印刷
定　　价:68.00元

本书若有印装质量问题,请向出版社营销中心调换
全国免费服务热线:400-6679-118　　竭诚为您服务
版权所有　侵权必究

# 前言

我是2018年来到神农架林区木鱼镇红花坪村开启赁居生活的。原本我住在乡村的目的是记录与都市生活完全不同的乡村生活。为了在写作的时候支撑生活,我把租来的房子改成了小民宿,做些茶叶,写些豆腐块文章"贩卖"乡村情怀维持生计。

自2020年11月15日红花坪村党代表及村代表开会,全票通过把村集体在木瓜园的一栋破烂老宅租给我这样"有情怀、有能力"的返乡创业青年改造民宿开始,我就与红花坪村木瓜园再也无法分割了。

我正如从远方飘落到此的一颗树的种子,幸运地落在了古老山村的溪水旁。

村里的人、神农架林区党委及政府润物细无声地关怀着我们的民宿,让民宿在疫情期间也不曾倒闭,"神农架"这个金字招牌让我们汲取生态、旅游的营养,使民宿得以发展壮大。

春天里,我和村民一样早晨五点就起床劳作,他们采摘茶园的茶叶换取生活所需,我也在晨曦中采撷村民的勤劳和深山里的阳光、雨露、鸟鸣。我已如一棵树牢牢扎根在木瓜园这个深山村庄里,身心与之连接。

半生漂泊,我的足迹遍及东南亚、欧洲、大洋洲。如今,在大山与云朵的陪伴下,在云雀的歌声里,在被云雾环绕的"枝子的花园"民宿中,我知道我回家了。

其实我常常告诫一腔热情想做民宿的朋友,民宿的美好,是他人的诗与远方,却是民宿创业者的炼狱。虽然"炼狱"二字有些残酷,但我深信真金不怕火炼,更何况我这个非常懦弱的人正是在这种锻炼中,捡拾到了乡村里最美好、最珍贵的一份礼物。

乡村民宿创业的艰难痛苦若不是拥有坚强内心的人是难以承受的。我是那个幸运儿,有村民的接纳、家庭无条件的支持,碰上了这个伟大的时代,遇到像帮助家人一样帮助我的区、镇、村及各部门的领导干部,还有志同道合的好朋友。但即便如此,我还是遇到了无数的困难,无数的夜里我暗自落泪,独自面对自己内心的挣扎。我想来想去,想把建设及经营民宿的过程如实记录下来,一来我的初心便是"记录乡村";二来把大家好奇的民宿建设过程记录下来,送给喜欢民宿的朋友们,让乡村里的朋友看一看乡村中真正的珍贵之处在哪里,让热爱乡村的朋友通过这本书,知道乡村里不只有泥土的芬芳,也有猪粪、牛粪堆肥的滋养。

全书20万字左右,配有插图,写的都是我的民宿建造心得和运营经验,以及我在乡村的体验。我们的民宿之所以能够得到市场的认可在于我们的建筑设计,而我们的建筑设计建立在对地方文化的尊重和凸显上。"土得掉渣,超有格调"是网友对我们的评价。开业两年来,区内各乡镇的特色民宿都来我们的民宿取经学习,而我也毫不吝啬地分享我们受到游客喜爱的原因,那是因为我们的文化自信。在书中,我还会分享我是如何从城市回到农村,逆行深挖山野乡村文化,把传统文化通过民宿展示给游客,让游客在此感受到浓浓的乡情,拥有与众不同的体验的。

# 目 录 Contents

## Compilation 1 辑一 我疯了

- 010 妈妈说
- 017 设计师老吴
- 024 一拍即合
- 031 逆行,卖掉城里的房
- 034 不被情怀感动的数据——我的奇特贷款路
- 040 冬日暖阳,枝子花园的种子用户

## Compilation 2 辑二 乡建,逆行还是潮流?

- 050 第一批材料进村历险记
- 057 老吴与"搞球不成"
- 061 火塘
- 068 建筑工地的冬天
- 073 新年,自由、雪花与梦
- 077 一个好阳坡

## Compilation 3　辑三　土得掉渣

- 086　破烂王老吴
- 093　王书记与鸡窝
- 099　陆姐与土地
- 108　我的"榜一大哥"们
- 114　吊脚楼鸡窝傍上流量大V
- 119　找母亲借钱
- 125　神农书屋、茅老师三姐妹和王双华

## Compilation 4　辑四　泥土的格调

- 132　这是关牛还是关羊？
- 138　倒给200块钱，我也不住土墙屋
- 144　这板子，给我烧我都不要
- 149　乡村图书馆——你是个作家
- 152　神农书屋和茅氏三姐妹
- 156　2021年8月1日：汪望旺
- 161　神仙住的院子
- 167　大风行过木瓜园
- 174　云上民宿挂网上

## Compilation 5

辑五 民宿里的森林和云海

| 184 春天,村里的那些花儿和茶
| 191 民宿里的乡村非遗
| 200 高铁开进神农架
| 204 没有电视,不许打麻将
| 208 一只有编制的野猫
| 213 徐老师与山村
| 218 这片土地上的爱与温暖
| 224 农民夜校,我也是学生
| 231 人应该生活在山里

**Compilation 6**

辑六　新媒体里的老屋？

| 240　什么民宿1700元一晚？
| 248　啥是小红书？
| 251　什么是不讲武德？
| 255　老火塘熏肉与网络直播
| 260　冻雨回家记
| 265　民宿在村里到底是卷着过，还是躺着活？

附：田园记事

| 270　枝子战野草一：神奇之力
| 276　枝子战野草二：被撮合的友谊
| 281　枝子战野草三：人淡如菊，菊说，我的套路你不懂

*Compilation* **1**

辑一　我疯了

# 妈妈说

我在乡村做民宿，一开始最难过的人，其实是我妈。

我妈叫韦家秀，1956年出生在神农架山比木瓜园红嘴蓝鹊还多的宋洛老高山里。那连绵不绝的崇山峻岭里有绵密的森林和野生动物，是神农架的中心腹地。

从韦家秀记事起，她爸韦德云和他的父母就带着他们一家在山头坡地刨食、种地拓荒，陡峭的山坡上只能种洋芋、苞谷。山里人早就学会了从森林里找椴木点种香菇、木耳，这些都是要拿到重庆大宁河去换盐的。两只赶山狗，一只白天永远在睡觉的大橘猫，两头勤奋的老黄牛，圈里喂着六头肥猪、七八只羊、几十只土鸡，但他们的生存状态是一家三代八九口人总也吃不饱。

黄牛是帮忙耕田的，赶山狗是帮忙看家护院和打猎的，白天睡觉的橘猫是夜晚捉老鼠的，土鸡是帮忙下蛋的，这连人带牲口披星戴月地勤扒苦做，却好像永远都在挨饿和受穷。

韦家秀是家中六个孩子里的老大，家里又穷又重男轻女，韦德云原本就没打算送她去读书。

她三岁就得带大弟弟，五岁上灶做饭，六岁下地干活，七岁就被当成成人劳动力在用，按理说读书这种幸运的事怎么都不会降临到她头上。

那一年，她的大弟弟，也就是我的大舅该上学了。学校离家十几里，都是崎岖山路，要穿过有山精和鬼怪传说的原始森林。韦德云让她做大弟的伴读，主要护送大弟上学放学。

韦家秀偏就是读书的料，反而是被韦德云寄予厚望的儿子，每天都在森林里晃荡一整天，树上掏鸟蛋、溪里逮蝌蚪，混了六七年。韦家秀初中还没毕业，韦德云就觉得他的宝贝儿子可以独自去上学了，要求韦家秀去挣工分。老师不同意，说这么聪明的一个读书娃就这样放弃读书太可惜了，韦德云不同意，说没钱供姑娘读书。僵持很久，校长想出了个好办法。

韦家秀初中只读了一两年，就成了一名农村教师。

韦家秀就被村大队派去学校教书，挣一个成人的工分。

韦家秀的一生，成就也还算有一些，比如三个娃的妈、单位的会计、武汉老蒋的夫人、神农架剪纸非遗传承人。到六七十岁了，娃儿们都长大了，她退休了，老蒋去世了，但还有个剪纸非遗传承人的身份，还是响当当的韦老师。

做教师让人成长，韦家秀一生所学口才，用来打击她最偏爱的小女儿我，简直是高射炮打蚊子，大材小用。

但偏偏我这个四十岁的女儿，让她年近七十了，还得努力勤奋地在"枝子的妈妈"这个岗位上，认真且努力地再干好几年。

我年轻时贪爱都市繁华，走出神农架，走到宜昌、武汉，走到香港、台北，走到罗马，走到瑞士。回家成为一种奢侈，作为一名土生土长的神农架人，妈妈责无旁贷地解开了神农架野人之谜："野人是什么？不回家的人就是野人，你就是野人！"

对于女生喜欢出去野这件事，我最对不起的是妈妈，我的价值观与她不统一，可能就更伤她的心了。

2018年，我还在做欧洲领队，花了10万元在神农架林区木鱼镇红花坪村木瓜园租赁了一栋民居，对外宣称要在此做一个民宿来记录乡村，搞写作。

韦家秀说："这娃怕是疯了吧！"好在租赁成本不高，我又经常游走欧洲，还算是有固定收入，她也没多管我，任由我随意折腾。

2020年底，新冠疫情给旅游业按下了暂停键，我躲进了这个木瓜园租来的民房里，五分菜园，被茶园环绕。

"枝子的花园民宿"招牌挂到了租来的房子上，做了几个和传统民居完全不搭边的文化装饰，我开始等客上门，期待可以养家糊口。对了，我单身还带着个刚上初一的女儿。

韦家秀说要不你别折腾了，以你前半生的经验来看，你的创业经历都是失败的，你现在最重要的事业就是带好娃，家里虽然没有万贯家

财,但房子还是有你们娘俩住的,饭还是有一碗你们吃的,别瞎折腾了。

我偏不,我们小时候是被打大的,基本不敢叛逆。这快四十了,我叛逆一下找找青春的感觉,感觉最后只坑了妈。

枝子的花园民宿,最早时除了朋友,基本没有太多客人。我带朋友们到山村里,向他们介绍我的生活——早上是被鸟儿叫醒的,一万只鸟在村庄齐鸣。醒来后,我会去菜园采摘蔬菜做早餐。

吃完饭我就会满村转悠,看茶园、采茶、制茶,听别人讲乡村的故事。我就这么满村转悠,写点乡村感悟。慢慢地越来越多的人知道了村里的民宿,大家都好奇地来看我在干什么。

再后来,村里就把一栋摇摇欲坠有古罗马废墟感觉的夯土墙老房子租给了我,让我改造一个我每天吹牛的时候说的真正的花园民宿。

我总是嫌弃自己租赁的地方不能随我心意折腾。这栋废弃的夯土老宅正好可以被我改造成一个真正的民宿。

2020年,冬季的白雪覆盖了神农架的森林,村庄里还有无数红嘴蓝鹊在茶园上空盘旋。那是一年里最冷的时候,我们开始建造民宿了。

等韦家秀知道的时候,我已经克服了98个困难,热火朝天地开打地基,准备盖房子了。

2021年开春,山上有些不怕冷的野樱已经开出了满树繁花,粉色的野桃树也攒足了劲儿开出了粉红的花骨朵,丝毫不畏山风还凉,特别是太阳爬上山时的清晨和下山后的夜晚,山风冷得刺骨。一群群红嘴蓝鹊在还未发芽的板栗树上你追我赶,比平时聒噪得多,我想红嘴蓝鹊们在组队谈恋爱了。

正月十五刚过完,我们又开工了。

去年年底地基建好后,工程队大致分成了三组:老房子木工组、钢构电焊组和瓦工组。每天工地有十几个人干活,常常是一个人干着,四五个人看着,我们的工程对外包了好几次都没有包出去,只能请工人记日工,这样严重窝工是个大问题。

对于这些问题,以及很多建造房子方面的问题,我是外行,不懂也束手无策。

虽然我对韦家秀是报喜不报忧,但她还是不放心我一个连新房子都没有装修过的小白独自照看建房工地,于是提出过来给我帮帮忙,照管工地。

她从她家松柏镇乘车到木鱼镇。100公里山路,班车要开两个小时,我去车站接她。六十几岁的老人一见到我,眼神里有疲倦,她硬生生地使出全身的力力把乘车的疲惫与不适按到心里去,不让我察觉。问她晕车没有,她说还好。她的行李摆了一堆,有一个大竹篮、几个背包、两三个塑料袋和一个瓦楞纸箱子。

竹篮里是带土的葱、蒜头,是她自己种的。记得有一次小姨给我们带葱,说味道在车里很大,她闻着晕车恨不得把葱都丢出去。不知道在班车上带葱有没有人嫌弃有味道,看着妈妈苍白的脸,我知道她肯定晕车了。

韦家秀的菜园不大,但种类多,塑料袋里还有白菜、香菜、莴苣,几乎都还带着土。她一个人吃不完,却另外又租了半亩田种土豆,纸箱子里是别人给她攒的一箱土鸡蛋,她也给我带来了。100公里的盘山公路把老人家盘得晕晕乎乎的,下车后她赶紧和我一起把东西拿到车上。

每个人见我打开车的后备厢,第一句话便是:"你的车装过什么?"

我的车几乎是工程运输车,大件放不下时就把后座放下来装东西,螺丝水泥,砂石木料,瓦工的、木工的、电焊的工具只要能放进去的几乎都装过。

韦家秀就更夸张了:"你看你的车,怎么这么脏!怎么就不晓得打扫清理干净呢!"然后不停地发出惊叹,像极了我小时候作业没做完,她在我耳边唠叨的场景。

我说:"妈,这不刚好装您这带着泥土芬芳的新鲜菜吗?"

我干民宿前是旅行社的一个欧洲领队,却总是梦想能有一块田园,为此我两次到农村租房住,为的是能有两块菜地,种花种菜。韦家秀包容了我的小任性,这次的大任性,她有太多太多的不满,但到了工地,又满是心疼。

于是六十多岁的老太太,成了工地上的一道风景线。我家老太太是一个睿智的老太太,看到工人干活有什么不对,当面不会说,会先和我说出问题,提出解决方案,我们一起讨论,达成一致后由我告诉工人。

她在工地上和工人打成一片,她偶尔抽烟,到工地上也带着烟,见工人抽烟就先给别人递上一支烟,别人给她烟她也接着。

我不让她抽烟,怕对她身体不好。一生好强的韦家秀,枝子的妈妈,快七十岁的人了呀!

她偶尔会提起,原来她不抽烟,家里盖房子时压力大,偶尔抽两根解压。后来戒了,但从我开始建房子起,她又抽上了。

我们的房子木制结构很多,春天很多木蜂在木头上打洞,木蜂又叫熊蜂,飞翔的时候翅膀振动的声音很大,只听见嗡嗡嗡,嗡嗡嗡!韦家秀一边帮我拿着长柄苍蝇拍打木蜂,一边不满我和设计师老吴的奇葩设计,一边一语双关地说:"我看你们木瓜园的特产,就是蜂(疯)子吧!"

在她眼里,我已经是这个村庄的一分子了,也是这里疯狂的杰出代表之一。

她觉得比我更疯的一个人,是我们的设计师,老吴。

韦家秀说:"一个傻疯子碰见一个聪明疯子,聪明的带着傻的盖房子,我的天,你们在这个破农村到底准备干个啥子出来呢?"

# 设计师老吴

老吴就是韦家秀口中的聪明疯子。她承认老吴是个聪明人,就好像她知道山有多高、水有多长,但山上的水一定是天上下来的,从来不是从山脚下的大河流到山顶的小溪流里去的。

回到山村做民宿也好,设计民宿也好,韦家秀觉得要把大河里的水往山顶溪流里引的人,再聪明的人也是疯子。

只有疯子才懂疯子。

我认识老吴纯属意外。这个东北来的家伙,原本是学油画的。在鲁迅美术学院的油画系研究生毕业后,在山西大学美术学院任教。

至于他怎么搞了建筑设计,又是一个很长的故事。这些故事在我们一起去看建材,或一起去找老旧木料的路上,被他讲成了搞笑段子,他是说为了防止我开车犯困。

如果用正常人的思维来看,我与这样的设计师合作,确实看起来不靠谱。

我们隔壁县有一个地产项目要搞民宿,立项后,地产公司的老板开出数十万的年薪请老吴来设计民宿和农耕博物馆,他在东北设计的文创园让这个地产公司老总把他从东北请到了湖北。项目地和我们就只隔了几个山头。

老吴是2019年来的,一年后,旅游类的项目有点不太好进行下去了,做做停停。老吴是个闲不住的人,便来神农架转转。毕竟咱们神农架是令人向往的有野人出没的地方。

首站到了神农架的第一家民宿,维维的小屋。

老吴是东北人,好酒,一顿能喝一斤多。他第一次在维维家喝酒,就被神农架的民宿第一人灌醉了。

对于好喝酒的人来说,这个民宿太棒了。

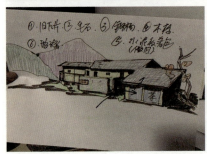

第二天维维就带着他到了我家。初见老吴,这人在东北人中个子不算高,但在我们这里也不算矮。走到哪里他都抬头挺胸,虽是个男人,穿衣打扮也谈不上多出格另类,但给人感觉他就是从城里来的时尚分子,尖头皮鞋在他脚上精神抖擞,那双尖头皮鞋把他带到山村的任何地方,山村的一切都让这个城里来的家伙前后左右认真细致地观察和评判。

维维向老吴介绍我家——作家开的民宿。原来他来神农架是来看民宿的。

他在我家吃过一顿饭,我们相谈甚欢,接着几天我带他去梅子民宿、迴龙坪等做民宿的地方转了一圈。

神农架山大,从木瓜园去迴龙坪开车都要两三个小时,我们就一路聊天。那时,朋友们互相介绍新朋友时,总是要吹捧一下我,说我是个作家。老吴就真的以为我是个作家(或者说是高水平作家)。他是个真画家,且秉承文、艺不分家的原则,觉得绘画和写作的道理都是相通的,然而,艺术我压根一点也不懂。

文和艺能够相通的伟大之处在于美。

虽然我很难说清楚犁地的犁头、锄头挂在墙上的画面为什么美,但我就是知道那是美的,那种美震撼我的心。

老吴告诉我,那是力量之美。你想呀,锄头、犁头犁地,是坚硬的,需要力量牵引才犁得动土地;你们神农架的土夯墙头是遮风挡雨的,那种密实也是需要力量来完成的;这么多力量在那种劳作的环境下形成的画面,力量感自然就出来了。

农耕的力量是向上的,这是你们神农架这一带山区保留下来的珍贵的物质文化遗产,很多地方都见不到了。

我在乡村总是被牛棚吸引,觉得非常美。分享给其他朋友,他们很难理解一个牛棚美在哪里。带老吴到那个牛棚，他站在牛棚前，和我一样震撼："这个牛棚太好了！"

我带老吴四处转转，更多的是出于对艺术家、画家和建筑设计师的尊重。老吴平易近人，喜欢神农架，而我喜欢喜欢神农架的人。

看到他表达的对神农架生态风景的热爱，表现出的对这里原始洪荒的人文的热爱，我觉得他是个了不起的画家。

我的朋友圈里还没有了不起的画家朋友。

不久，他给我寄来了一张黑黢黢的金丝猴油画。特意把神农架特有的蓝脸金丝猴画在了我家民宿门口的栏杆上。

收到画的那天，我感动坏了，住在山村深处，居然有了一幅属于我的油画。

我从未想到有一天，我会和画家老吴有深度合作，更没有想到我们一起经历了那么多的酸甜苦辣，才最终成就了木瓜园里的枝子的花园。

当我拿到村里那个半边没有瓦、墙体被日光暴晒、裸露在狂风暴雨中、被冰雪侵蚀了两年的破房子时，我首先想到的是老吴。

我给他打电话的时候，他们在我们隔壁山头的民宿项目基本搁置了，他在老家沈阳。我委婉地表达了如果他来看看，无论他接不接这个项目，我都可以报销差旅费的意愿，这算是我对设计的一点诚意。

老吴说他抽时间来看看，第二天他已经从千里之外的沈阳赶到了宜昌。

他在宜昌给我打电话，我激动地赶紧去兴山县城接他。

他到兴山的第一件事，是去超市买了很多瓶二锅头，说喝不惯神农架的苞谷酒。

回到木瓜园山脚下，我准备请老吴去饭馆吃饭，他说回家自己做。我们去超市买了点菜，回到枝子的花园，他也不讲客气，进厨房三两下

几个菜就做好了。

接到设计师老吴，我们吃的第一餐饭是卤猪头肉。

吃完饭，我带他去看老房子。

老吴一看说："这简直是古罗马废墟。"

我当然了解古罗马废墟。

我们站在七十年代的土夯老宅前，只是因为半边没有瓦，它的衰败之貌粗看起来与2700多年前的建筑遗迹太相似了。

被拆了瓦的是房屋的偏房，墙头长满了绿色的苔藓，一株鼠耳草和狗尾巴草，以及几株已经枯萎了的一年蓬在风中摇曳。原来的主人把横梁全部拆走了。一面被火塘熏黑的墙上，还留着中国电信的宣传画，一小半角耷拉下来。

地上有塑料饮料瓶子、破烂的衣服，碎的、整的啤酒瓶一堆一堆地散落在墙角，破框子、瓶子到处都是，地上长满了草。

房子外面横七竖八的水管、电线缠绕在屋后，虽是11月底，但神农架已经很冷了。一年蓬、狗尾巴草、鬼针草都已经枯萎，横七竖八地倒在屋后的土坡上，四处写满了萧条。

衰败之下，土墙剩下最后的力量和尊严与时间对抗。

"这房子真好呀！"老吴一边看一边感慨，"这儿简直能设计成一个建筑博物馆！"

我不想在这个衰败的、肮脏的破房子里多待，出于礼貌在破屋子慢慢陪着老吴转悠。虽然已经没有了遮雨的屋顶，但因为风雨侵蚀和满屋的垃圾，偏房里的味道很难闻，这让我很难在里面待很长时间。但这种破败丝毫不影响老吴，他拿着电子测距仪在房子每个角落细致地测量，看到精彩的地方像一个孩子一样大声喊我去看，丝毫感受不到我一刻也不想在这个破屋子里待着的心情。

老吴好不容易磨磨唧唧地看完偏房，接着看正房，还好正房的瓦还保留着,所以正房丝毫没受到风雨侵蚀。整个正房干燥、温暖,但也凌乱不堪。老房子里所有有价值的东西都被清理走了,留下的只有塑料袋、空塑料瓶,阁楼上塞着酱油瓶和醋瓶子若干。

这栋土夯房的上一任主人是王登国、李莲翠夫妇,他们是在二十世纪八十年代以两万元的价格从别人手中买来这栋房子的。住了三十多年了,本想拆旧建新,在房屋对面把新房的地基都打好了。在审批拆旧建新手续时,木鱼镇领导说:"现在土房子越来越少了,这是我们的物质文化遗产。拆了太可惜了,能不能不拆呢?"

好巧不巧,他们夫妇也不想住这里了。他们的目的是建新房,如果不拆旧房能在其他地方给他们一处宅基地,他们就不拆老房子。

为了保护这栋老宅,村集体收购了这栋老宅,并给他们夫妇另外批了建房手续,这栋老宅得以保留。

偏房的瓦、檩条已经全部被原主人拆走了,老土墙最怕水,暴露在风雨中两年了。今天这栋在山村屹立了五十年的老宅,被交到了我的手中,尽管我对它现在脏、乱、差的状态十分嫌弃,但对它的未来充满了期待。

三年后,我和来神农架做文旅项目的同行聊天的时候,他们对设计师老吴的评价是善于挖掘地方文化。

我说:"这才是他的本行——学美术的建筑设计师,挖掘出了地方文化里的美。"

写这篇文章的时候,我翻看了我和老吴去看老房子那天的照片。照片里,老吴虽然当时已经五十岁了,但头发是黑的。穿着尖头皮鞋的老吴昂首挺胸,乍一看还像个精神小伙。枝子的花园项目做了一年,他和我争吵了大半年,他的头发全白了,成了半个糟老头子。

# 一拍即合

老吴在老房子里看得仔细，等他从老房子出来，我想可以走了吧，但他还要在房外的前后左右看看。

我也跟着他前后地看。从侧后方往前看，不但看到凌乱的房屋，还看到一根主电线杆就立在房屋前方，左邻右舍的电线都从这个电线杆拉出来，房屋前后左右的水管、电线把房子夹在了"盘丝洞"的中央。老房子不透光，偏房岌岌可危，即便风雨沧桑写满了墙，看上去马上就要倒塌，但土墙的厚度和高度还是遮住了大量的光，从门看进去房内黑黢黢的，让人怀疑真的有个"山精鬼怪"住在里面。

不得不说老吴那句"这简直是古罗马废墟"的玩笑话深深地吸引了我。对一个个体民宿而言，一栋五十年的老房子，即使不是文物，即使没有特点，这五十年的历史就足够吸引我了。

这种吸引力让我完全忽略了它的凌乱、衰败，虽然它藏在神农架边远的山村里，一直默默无闻。

我从事了五年旅行团的欧洲领队工作，尤其喜爱意大利这个国家。

意大利两千多年前的古罗马废墟、斗兽场，甚至地上的一块砖头，都被时间刻上了历史的厚重感，使我着迷。

在老吴成为我的设计师、我成为他的甲方之前，我们一直是朋友。他是个闲不住的人，之前的民宿项目停滞，他到神农架来主要想看这边

有没有合适的设计项目可以接手。我带着他走村串乡,了解神农架文化,也应他的要求,带他去看了一些文旅项目,认识了一些业主。但他认为最需要设计师的项目都没有谈成,而我这个一直带他到处游玩的朋友,居然给他弄出来了个设计项目,这是他完全没有想到的。

我们在一起聊得比较多的是神农架本地文化。

记得有一天,我们一起去大九湖看老的垛壁子屋。

我们驻足在仅剩的一栋完整且有人居住的老房子前,看用圆木榫卯结构糊上黄泥巴做的垛壁子牲口棚。棚内堆满了灰色枯萎的玉米秆,黑棕色猪粪散发出刺鼻的味道,几头散养猪哼哼唧唧地在不远处自在地吃草,在草地上蹦跶得欢快,不时抬头一动不动地盯着我们这两个不速之客一小会儿,哼唧两声继续低头吃草。

我们对着一群猪默契地沉默了许久。沉默的时候,大九湖天上的云在飘,风吹过带来猪圈里的猪粪味,老房子沉默着。

大九湖的天空下,湖水与草地相连。今天天是蓝色的,蓝色的湖面飘着流云与水草,地下暗河流动,安静、沉默,成为大九湖的一部分,与老宅一起沉默在大九湖的静谧中。

沉默是被老吴的口头禅打破的:"这猪圈真他妈的好!"

觅食的一群猪被惊得四散。

2015年,我在武汉看侯孝贤导演在神农架拍的《刺客聂隐娘》。电影中呈现出大九湖原始的垛壁子屋时,我距离故乡680公里,我为她的美泪流满面。

电影《刺客聂隐娘》有2/3的镜头在神农架取景,却不是一部叫座的商业电影。有影评人说有人口渴了,拿了两块钱去买一瓶矿泉水,结果老板收了两块钱,给了一瓶茅台。

这人喝了一口就喷出来:"什么狗屁玩意儿?"

好酒不能解渴。

商业大片的逻辑是让人爽,却难得有笑声不断的商业大片值得我们二刷、三刷。

电影《刺客聂隐娘》是一场美学盛宴,很多镜头展现出了神农架的自然风景美,垛壁子屋、老火塘更是展现出了神农架的文化美。

那种美,我这个在老火塘长大的人是能理解的。幼年在老家的生活便是天刚泛白时,我们围着老火塘的火光,安静地等它在烟熏火燎中烧开一壶水,让我们热乎乎地洗把脸,开始新的一天。

白天,大人劳作,我们在森林里如探险家一般探索深山老林里的神奇世界,直到外婆扯着嗓子喊我们回家吃饭。

晚饭一般都是围着火塘的吊锅吃的。松木、桦木、花栎木树带来火

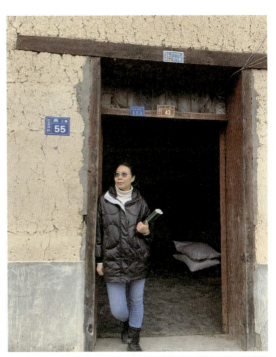

焰还有森林的味道。带烟的火焰赶走房屋里的寒冷，浓烟把房屋里的黑暗一夜一夜地刻在火塘的墙壁上，乌漆麻黑地陪伴着在深山里出生、长大、老去的人。

夜晚一家人围着火塘坐着，我记得已经去世多年的老太太在火光中油亮的脸庞；我记得在火塘边外公给我们讲带着狗子们冬季去赶杖打猎的故事；我记得外婆给我们讲的山里善良的山神爷爷；我记得小舅舅给我讲一个人很想像鸟儿一样飞翔，可是他没有翅膀，怎么办呢？他把簸箕绑在肩膀上，他靠着簸箕像鸟儿一样飞起来了。哈欠也飞进孩子们的嘴巴里又被连绵的"啊"请出来，可孩子们依然不饶过老人："再讲一个，再讲一个毛狗子的故事就去睡觉。"

夜深沉了，月亮可以照亮森林，星空比钻石璀璨。星光月夜美得奢侈。一家人在一起，舅舅小姨们逗我们：家里你最喜欢谁？火光中，老人们心满意足地听我们把家里每个老人都念叨一遍。猫在老太爷腿上打盹儿，两只土狗在我们脚下摇着尾巴。

屋外森林传来声声狼嚎让我害怕，但火塘里的火光让我勇敢。屋里的火光照出一家人的温馨。

神农架数百公里外没有几个人的电影院里，大九湖的垛壁子屋的火塘火光中升腾出来的烟啊，那么轻盈！那么安静！那么美！过了那么多年，我离故乡那么远，它隔着屏幕，依然把我熏得泪流满面！

不得不说我老妈眼中的疯子老吴是个聪明人。他听我讲儿时的故事，讲对故乡文化的敬畏，说我是一个懂得美的人。

"你能觉得老火塘、垛壁子、牛圈、猪圈美，你的审美水平比好多人都高出一大截，这一点很了不起！在神农架做民宿，需要的就是你这样懂本土文化、懂审美的人。"

老吴是做过大学老师的人，教油画。作为一个大学教师，他太懂得

如何调动一个人的激情。

他会不会接我这个老房子改民宿的项目我还不知道,但他对改造老房子的热情,丝毫不亚于我,甚至比我更有激情。

那天看完老房子,在回住处的路上,老吴一直说这个地方好。

接下来的几天,他猫在我租来的民宿里,开始规划设计。

几天后,聪明疯子说,这设计活儿,他接了,同时递给我的还有手绘图。

蠢疯子说:"其实,那啥,我一直没告诉你,我有点傻。"

我告诉他,建筑工程我一窍不通。

聪明疯子说:"我看出来了,我的聪明够咱俩用的。"

老吴说没事,他来解决。

我问他整个项目做下来要花多少钱,老吴说100万左右。

我盘算了一下我所有的资产。这个所有包括我可以变现的钱和我能借到的钱。

如果卖掉武汉的房子,再东拼西凑一下,100万勉强还是够的。

一个聪明疯子和一个蠢疯子,一个干活,一个准备钱,一拍即合,说干就干!

## 逆行,卖掉城里的房

和很多人一样,我觉得房子可以给人安全感。

从国企离职后开始欧洲领队生涯,我的生活一直是东奔西走、颠沛流离的。

虽然我标榜自己是文艺青年,不贪图物质享受,活在当下就好,但与年轻时候的潇洒不一样,我现在虽是单身,但还有一个女儿需要抚养。

几年前,一个清华建筑系毕业的女孩写了一篇文章——《房子不是家,爱才是》火爆全网。那时武汉的房价正高,我还是买了个40多平方米的小户型,当起了城市房奴。

我喜欢武汉这个城市。1996年,我刚过完15岁生日,就到武汉读中专。那时家里三个孩子上学,妈妈为了支持我们兄妹三人,一边上班一边开店。

我妈在神农架开了一个小书店带着卖杂货,那些货就是从武汉汉正街进回来的。

我跟着妈妈在汉正街进货,走过池莉笔下的吉庆街,妈妈却从未带我在那里买过一根鸭脖。

我们在进货的时候,住在神农架驻武汉办事处,在司门口,武汉长江大桥下。那时的户部巷还没有多少早餐店,驻武汉办事处一个人15

块钱一个床位，第二天早上5点，武汉到神农架的汽车从这里出发。

去武汉去得早，我会一口正宗的武汉话，同学遍布武汉三镇。在武汉中专毕业后我就回到了神农架，但武汉这座火热的城，成了我最熟悉的陌生朋友。

十几年后，我终于在武汉买了房。十几年来它发生了翻天覆地的变化，甚至我曾经上过学的位于边远地区的学校都变成了高档小区，连汉正街都搬迁到了汉口北。除了安静流淌的长江还是安静地流淌，一切都变化得太快了。

我在这里不再觉得自己是异乡人了，武汉日新月异的变化，让我快要不认识它了，但我已经在这里安家了。

房子不大，却是一个外乡人在城市奋斗的底气。房子从买到卖，我一天都没有住过，但它带给了我无数的温暖，也给在神农架时刻担心我一人在外闯荡的家人无数的安慰。

不得不说，房子是个神奇的东西。

在我的手机地图上，我把那个小区标注为家。

那个小区的房子是我和同事兼闺蜜一起去看的，我们买了一样的户型，我买在她楼上。那是她买的第三套房，虽然不是刚需，但她还是一点点地把房子装修好了，还带我去看了装修好的房子，把各种装修遇到的"坑"和我分享。她期待着我早点把房子装修好，接孩子到武汉上学，这样我就不需要武汉、神农架两边跑了。

但她不能理解的是，我每次带完团休假回神农架陪伴孩子，为什么不能把孩子转到武汉上学呢？武汉的教育可比神农架好太多了。

为了工作我不得不在欧洲、亚洲到处跑，但休息的时候我想待在神农架，因为我的心在神农架大山深处的森林里、在山的缝隙之间。

即使我买的一套小房子是我在城市奋斗的底气，预备卖了它做民宿的时候，我居然没有一丝一毫的犹豫。

唯一让我遗憾的是，房价还没跌的时候我没卖。2018年一个姐妹说40平方米的房子还是太小，而且我买的是公寓，升值空间太小，让我卖了换一个大点的住宅。当时我觉得这个主意不错，去中介问了一嘴，我那个房子当时可以卖95万元。

这个世界永远不缺马后炮，我们只差早知道。我从来没有想过房子还会跌价，2020年，武汉的房价下跌，公寓就跌得更狠了。

跌价不算什么，让我着急的是卖房的多、买房的少，卖房不是一两天就能处理完拿到现金的，但我的民宿开工在即，怎么办呢？

## 不被情怀感动的数据
——我的奇特贷款路

贷款这件事,在很长一段时间内都是我的心结。

我要开工建民宿的时候,房子还未出手,手里所有现金给村委会交了20年的租金。我准备开工建民宿,钱从哪里来呢?

真是瞌睡遇见了枕头,当时神农架正好出台了对文旅企业的金融扶持方案,由政府担保,可以在邮政储蓄银行最高贷100万元。我梦想中的乡村民宿,不正好是文旅结合项目吗?这个方案简直是为我量身定制的,而且这个实施方案是文旅局和邮政储蓄银行共同出台的。

神农架文旅局特别支持我们干民宿,这不是睡觉的时候递枕头,唱歌的时候递话筒的好事吗?

我立刻找到银行。他们的办事效率也很高,用官方的话说就是高度重视,立即行动。

银行来了三个人,有行长和木鱼镇支行行长。我把他们带到我租赁了20年的老房子跟前,对他们说出了我要在这里建一栋真正的民宿的想法。

3年过去了,我至今难忘那个初冬,我在银行行长面前指着一栋半边快塌了的老房子,手舞足蹈、唾沫横飞地向他们描绘我的美好蓝图——"这个老房子可不得了,我们会把它改造成神农架文化的展示区,在我们现在站的空地,要盖一个住宿区。要让游客一到我们民宿就能感受到自然风光、乡土气息和神农架文化。"

两位行长看着老房子,听着我的故事,估计内心凌乱。虽然行长们可能什么稀奇古怪的人和事都见过,但当他们在冬日的寒风中看着这个有古罗马废墟气质的破烂老房子,半边还没有顶时,不免还是有些吃惊,问我:"就这个?"

"对呀,就这个呀!行长,您知道神农架旅游现在最缺的是什么吗?是文化的融入,要知道我们这里建成后将不是一个简单的民宿,它将填补神农架文旅的空白。这里我们要这样做,那里我们要这样改造,总而言之它是一个划时代的项目,现在万事俱备,只差50万。"

两位行长站在风中,女行长额前的头发被风吹到遮住了眼睛,她把头发撩到耳后问我:"韦家秀是你什么人?"

我被打断了思路,但事关当下最重要的钱,我还是想都没想就回答了她:"她是我妈。"

"亲妈?"

"亲妈。"

"那韦家X是你什么人?"

"是我舅舅。"

"是亲舅舅吗?"

"是亲舅舅。"就是那个小时候哄我们睡觉,给我们讲一个人想飞没有翅膀,经历千辛万苦绑上簸箕飞翔的会讲故事的舅舅。

火塘边长大的每个人都会讲森林的故事,那个在老房子阁楼给我讲飞的故事的舅舅,靠着自己的努力,一步一个脚印地从农村走出来,很励志。

"你有这么好的舅舅,还管银行借50万,找你舅舅借呀!"

这话不仅打断了我的思路，还打断了我对舅舅和银行的认知，那是我亲舅舅没错，但他又不是开银行的。他没钱的时候又没喊我把钱存他那里，凭啥我用钱的时候得找他借呢？

我避开这个问题，把他们带到破败的老屋前："未来，这里将不会是一栋普通的老房子，而是神农架山野文化的高地。这里不再是一个煮猪食的偏房，而会展示神农架人在山林中的生活场景——火塘，它是神农架山村文化的精髓，是人与自然和谐相处的活生生的画面。"

我的话几乎快成各大两元店的"洗脑神曲"了："不要你银行1000万，不要你银行100万，只要你贷给我50万，老屋换新颜，文化全展现！"

他们礼貌地听我"画饼"画了好一会儿，开始问我问题。

在他们一个个的问题面前，我慢慢梳理出了自己的资产状况：

卖掉武汉的房子会有50万元，还完银行贷款，再贷50万元就够了。

我名下没有房产，只有一台不到10万元的代步车。

我居住的房屋在父母的名下，家里一栋自建房也在母亲的名下，总而言之，我的名下除了武汉的一套待出售房产外，没有任何固定资产。

他们的问题不像母亲直白地嘲讽我头无片瓦、脚无寸土般刻薄，但依然把我穷快活的本相如杀猪匠剃猪毛一样，用滚烫的开水把我一直不在意的现实泡软了，再一剃刀下去，白花花的猪皮就清清爽爽地展现在眼前。

一剃刀一剃刀的问题还问了很多，比如民宿建好后准备做几间客房？几间餐厅？月收入多少？之前民宿的收入是多少？

听着这些直白的问题，有点憨傻的我终于明白了行长们是想问：如果我们贷给你50万元，你打算怎么还款。

看来有戏。

我租来的房子客房有11间,但我新建的民宿我可能只会做8间客房,几个户外餐厅。至于怎么还款,我现在满脑子只想着怎么借来钱,钱你都不借给我,你问我怎么还钱,我咋知道呢?

我把之前租来的民宿2020年夏季的营收告诉了行长们。行长们说要去我租来的民宿看看。

我们带着他们从我眼里风光无限的村东头木瓜园,跑到了在我眼里十分有趣的村西头渡饥沟。已是隆冬,还有成群结队的红嘴蓝鹊在村庄的上空飞翔,嘴唇艳丽的红也改变不了它们聒噪的叫声,这鸟长得是真美,叫得也是真难听。

回到民宿,管家陆姐在做饭。我带着行长们前看后看,行长问陆姐:"现在你们客人多不多?"

陆姐看了我一眼,我笑眯眯地看她,她似乎接收了从我这里发出的神秘信号。她又看了行长一眼说:"不多,没有客人。"

我心里想陆姐怎么这么说话,又不好打断她。最近是旅游淡季,家里确实没有客人,陆姐没说假话。

行长说:"你们这里一年收入有10万没有?"

陆姐赶紧说:"那没有,那没,你看都没有客人。"

行长前脚刚走,我问陆姐:"姐,你怎么说我们没客人、没收入呢?"

陆姐看着我说:"我看她那架势,怕是税务局来收税的,我怕说实话,她要收你的税。"

我没有说陆姐什么,陆姐说现在没客人是实话,我总不能教人撒谎吧。

我以为十拿九稳能拿到贷款,过了两天,却收到了银行行长这样的回复："你的贷款额度不高，50万元，你来贷我们的这个项目呢，对你其实不划算。现在有一个最高20万元的创业贴息贷款，我觉得还是很适合你这个项目的，这样资金使用成本低。如果资金还不够，你再来贷这个大旅游担保贷款，你看怎么样？"

挂了电话，我有些失望，甚至是沮丧，这种沮丧里有种"我这么厉害的文旅项目，人家都不借钱给我，我到底做错了什么？"的委屈，还有种怀才不遇的被抛弃感："银行没被我的蓝图和情怀打动，是为什么呢？"

聪明的老吴却绕开这个弯解决问题，说："你先去把这20万元贷到手，再找一个施工单位，和别人谈一下分期付款，这个项目就能开干了。100万元的项目，基建50万元，分期先给十几二十万，你那武汉的房子也不着急，慢慢找买家，这不就能周转开了吗？"

我们民宿项目的第一笔启动资金，是林区人社局的20万元创业贴息贷款。从我贷第一笔款开始，到后期我的项目越来越不受控制，贷款越来越多，我也走上了不停与银行打交道的创业之路。

几年后，某大学金融专业团队正在调研民宿对乡村振兴的带头示范作用及融资等若干问题，邀请湖北省某银行的行长和我们开了一次线上会议。那位省行的行长，也开诚布公地谈了他们工作中的困惑：上级对银行是有任务要求的，有多少资金必须放到乡村去帮助乡村振兴，但在农村，事实上很多现实困难他们无法解决，比如集体土地、集体性质的房产不可作金融抵押；而且现在对于放贷资金安全问题的问责是终身制，如果这笔贷款没有收回，放贷的负责人无论是调岗还是退休都要负责到底。所以对于乡村振兴贷款的任务，他们即使完不成，也不敢担风险。银行对于乡村振兴这块的融资，也在探索和观望，要真正做到大胆放贷，还是要看集体资产作银行抵押是否能合法化。

理想很丰满,但现实很骨感。

没钱没资源的骨感的现实里要跪着求爷爷告奶奶,才能慢慢筑起通往梦想的台阶。

但我无疑是幸运的,随着我们的民宿在乡村慢慢搭起骨架,最初拒绝我们的银行成为给我们贷款最多,也是合作最紧密的银行。

我特别感谢设计师老吴在我无数次被拒绝后一直鼓励我,他总对我说:"我也知道这件事很难,但只有你把难的事做成了,你才了不起,你要是做成了件简单的事,人人都能做成,那你有啥了不起呀!"

# 冬日暖阳，枝子花园的种子用户

民宿建设开始后，我像一个真正的农民一样忙碌起来。

早晨六点天开始泛亮，星星羞怯地在寒风中慢慢隐去，月亮倒是地球忠实的朋友，即使知道马上要迎来日出，也不慌不忙地在西北边的山头上与高昂的山顶轻轻地耳语，再慢慢隐退到发白的空寂中。天空由黑到灰再泛蓝。晴天里，随着阳光越过山岗，蓝色占据整个苍穹，天空蓝

得安静纯粹。

村庄里黎明中的安静是被一缕缕炊烟和万声鸟鸣打破的。我这个刚刚住进村庄的新农人,可真够忙活的,我起来的第一件事不是和陆姐一样去发炉子里的火,而是拉开窗帘,看天空,看门前飞来飞去的鸟;看远山,看清晨从谷底河流升腾到山上的雾气,这些与盖房子无关的事,却是我最大的事。

一想到我将把我的民宿搭建在这么美的山谷之中,与阳光雨露为伴,与月光和星空为伍;想到我与我的民宿将和村庄里的百亩茶园、天空里生生不息的万只飞鸟、森林里呦呦不绝的黄麂和奔跑的兽共同生活在木瓜园,我的心就涌出无法言语的喜乐,仿佛我不是在盖一栋民宿,而是在为无数人构筑一个梦幻乡村森林童话世界。

即使只是一个立在高山与森林之中的简陋框架,我还是忍不住在朋友圈分享,有些朋友来工地看我,慢慢地把我从创业初期的激情里拉出来吹吹冷风,看看现实是何等的残酷。

我感激那些支撑我前行的人们,有朋友、家人、相关部门的领导,甚至有许多素不相识的陌生人。他们知道我创业艰难,默默地支持和帮助着我。

我的朋友圈里文艺青年比较多,小邱老师邱希哲算一个。他是武汉著名男高音歌唱家邱志光的儿子,子承父业,现在在波兰肖邦音乐学院读博士。我们认识也是因为他来神农架旅行,住在我之前租来的民宿里。

小邱老师到访枝子的花园民宿,是武汉疫情后刚刚开放时,那时神农架正下着连绵不绝的梅雨。我在我所在小区的物业群发了一条民宿广告。巧了!小邱老师准备来神农架,就加了我微信。这关系如河里游的鱼和山上跑的鹿一样,不熟,但被一个一会儿打鱼一会儿捕猎但不大会烹饪的命运之手活捉着一起丢进一个锅里乱炖，炖着炖着，就熟了。

小邱老师从武汉来。作为一个喜欢大山的湖北人，神农架是他心之所向的地方，但一个人来，又觉得孤单，或者说他这么不慎重地在业主群里加了一个民宿老板就贸然出发感觉不太可靠，于是他慎重地叫上了他人生中最靠谱的人——他老爸。

父子两人就跟着未曾谋面的民宿老板发的定位，从武汉驱车六百公里来到了崇山峻岭深处的木瓜园。他后来说，当导航把他们导到一个偏僻的村庄时，他心里想：这么偏，莫不是定了一家黑店？要不这家民宿怎么会开在这么偏僻的山旮旯里面呢？

疫情后，神农架也在努力招揽生意，无奈五一劳动节假期后山区一如既往地下着梅雨，淅淅沥沥的雨让木鱼镇难得看见个人，云雾缥缈的深山小镇在烟雨中那么美，那么寂寞。

神农架旅游淡季，在深山村庄里突然接到一个订单，让我尤为激

动,我在想怎样用我最热情且盛大的方式来迎接远道而来的客人。

说起这民宿待客,我颇为慎重地请教了神农架第一位做民宿的主人——维维小屋的老板维维。这两天她家里没客人,就被我邀请过来帮我收拾打点,顺手帮我做了一桌子接待客人的晚餐。

维维作为神农架第一民宿主,酒量不是盖的,她热爱喝酒。她告诉我神农架祖祖辈辈都在教人的待客之道——要想把客人陪好,第一要务是喝酒!

我邀请小邱老师父子从太阳落山开始吃饭,我们一直吃到夜幕深沉。村庄里,阴雨天看不见夜空的星星和月亮,山沟四周只有黑暗,远山的轮廓比阴沉的天空更黑暗。小邱老师和父亲完全抵挡不住我们的热情,只好跟我们一起喝起了山里的金钗酒,心里盘算着明天一早如何尽快逃离。我至今还记得那晚一桌菜,四个人,各怀心思。

我还未从小邱老师的笑意中看出他想跑的心思,就给小邱老师夹热气腾腾的腊猪蹄。维维作为深度白酒爱好者,一会儿劝邱爸再饮一杯,一会儿劝小邱老师再饮一杯。小邱老师内心想着如何快点摆脱这家"黑店",好汉不吃眼前亏,先和她们吃喝让她们放松警惕再说。而邱爸,努力地想替儿子挡下我们敬的酒,又要说明自己不胜酒力,好在小邱老师和维维都是社牛,我们相谈甚欢。不知不觉,大家喝得晕晕乎乎,准备睡觉休息时,我问小邱老师明天什么时候吃早餐。

好不容易平安熬过了各怀心思的晚餐,我没想到早餐又引起了轩然大波。我们的民宿在山上,前面是着了村,但后面绝不着店,所以我们的住宿会给客人预备早餐。刚提起这茬,小邱老师客气得有点激动,连连起身摆手:"打扰你们已经够不好意思了,我们去木鱼镇吃早餐。"

我一听更激动了,急吼吼地站起来说:"那怎么能行呢?从这里到木鱼镇要开半个小时车,早上起来怎么能不吃早饭呢,我给你们做!"

完全没有想到我的激动让小邱老师父子更觉得这是一家黑店了。

作为武汉著名的男高音表演艺术家，邱志光老师一定没有想到他人生中最艰难的表演，是在神农架一家深山村庄的民宿里，向主人表演他如何意志坚定地要在神农架的梅雨季节看日出。

我丝毫没有看出来他们只是不想在此地多留。不得不说表演艺术家的表演是成功的，我在入睡前默默祈祷，希望这两位在疫情开放初就来为神农架旅游做贡献的游客，能够有好运在高耸且黎明寒冷的神农顶看到一场惊心"冻"魄的日出。

想着不用我们管早餐，就睡我们的懒觉吧，我便安心地把自己放进乡村安静深沉的夜里。阴雨持续了大半个月，但我还是记得夜晚的璀璨星空。虽然我记得那些遥远的闪光点，但我盼望每个夜晚不是靠着回忆星空入睡，而是看着星空入眠。

夜里还在下雨，春季的雨夜，森林里有我熟悉的麂子在呦呦号叫，在这样宁静的村庄，我喜欢聆听动物的鸣叫，又怕它们越过边界，走进田地中破坏农作物。我们的村民很善良，会在庄稼成熟的秋季，掏空合欢树的树干做梆鼓，围着篝火击打梆鼓驱赶野兽，但也有一些心怀叵测的人，在山林间放铁丝网去抓野生动物。

我爱荒野的声音，但我又无法保护这些动物。我只能期待它们和我们保持一些距离，这些距离会让它们远离伤害。

或许是喝了些酒，在床上想着星空与森林，不久我就迷迷糊糊地睡着了。

透过窗帘的晨光，我隐约听见小邱老师父子启动汽车，然后扬长而去。我翻了个身，躲避着无孔不入的晨光又睡了。

迷迷糊糊地听见有音乐声，与早上的鸟鸣一起，声音离我越来越近，音乐逐渐传到了我家门口，仿佛还有人在唱歌。

　　我越听越不对劲儿，赶紧起床，蓬头垢面地走到楼下大门口一看：昨晚那么想去神农顶看日出的小邱老师父子居然在我们民宿门口，开着车门，拿着一个小音响对着云雾环绕的群山听音乐。

　　我吃惊又释怀地说："我说下雨不可能有日出吧，你们不信，等下我马上做早饭给大家吃哈！"

　　小邱老师的笑很爽朗，哪怕他怀疑我们的民宿是两个有超自然力的深山巫婆开的"黑店"，依然风轻云淡地说："我们都没走出100米，山体滑坡拦住了去路，我们走不了了，就回来了！"

　　我与他们一起去看小邱老师说的滑坡的地方，期望能在滑坡的淤泥堆积口想办法找出一条勉强可以通行的路。无奈伴着碎石的淤泥堵住了路，很多村民虽在围观也见怪不怪。我只好给村书记打电话说家里住了客人，现在出不去了。得到回复说，等协调一下派铲车过来，最快也要三四个小时。

小邱老师这下也不着急了,我笑着说:"这就叫人不留客天留客。"我赶紧开启了做饭模式,揉面、发面、做饼。

吃了早餐和中餐,路通了,我们向小邱老师父子介绍,烟雨朦胧的大九湖是最美的,送别了小邱老师父子。

让我没有想到的是第二天,小邱老师在大九湖热闹的坪堑古镇给我发来了信息:"枝子你好,感谢招待,我们已经在大九湖住下了。这里商家林立、灯红酒绿、热闹非凡,到处都是饭店、酒店,但我觉得怎么都没有在你那里住着安静和舒适。迷人的山村不但令人心生向往,住过一次后更让人魂牵梦绕。大九湖让我们流连忘返,但夜晚,我和父亲怀念枝子的花园,怀念你们的乡村。期待能够再来枝子的花园。"

我知道神农架连绵的春雨画出的烟雨朦胧的大九湖,春意盎然,春天的泥炭藓湿地懵懂地生发出新的生命,让美丽的湖面、湿地从秋冬单一的灰色释放出各种色彩——高山海棠枝条朝着天空萌出嫩芽的绛红、

板栗树的鹅黄、蓼草刚探出土地的粉红、菖蒲害羞的嫩绿,这些属于春天娇嫩的色彩在大九湖的大小湖泊和雾气烟云中交织交汇,跳着属于春天生命萌发的舞蹈。大九湖真的美呀!但喜爱美的艺术家们,却觉得有温度的民宿,才是最令人向往的。

那年神农架景区推出10元办神农架一拖二年票套票活动,10元办理次年不限次数进入神农架的年票,每次进入可以免费带两个人。

元旦,小邱老师为了办理套票,又来到了枝子的花园。

小邱老师说:"别人办套票是为了去景区免费,我办套票是让我全家人都知道我们来神农架不用买门票就可以借此机会入住枝子的花园。"

2021年冬季,忙碌的小邱老师在农历新年前被波兰肖邦音乐学院录取去读博士,出发之前,他特意来到正在打地基的新民宿,和我们一起度过了一个难忘的元旦。

跨年夜,他为我们演唱了意大利名曲——《我的太阳》。

那首歌,让我温暖至今。

*Compilation 2*

辑二　乡建，逆行还是潮流？

# 第一批材料进村历险记

在乡村盖一栋房子做民宿！想想就美极了！但我得到的反对意见仿佛有天上的星星那么多，而且大多数都来自亲人和有话直说的好朋友。在边远的乡村盖一栋房子做民宿，枝子你怕不是疯了吧！那有多难你想过了吗？

支持我干事业的声音很少，却更加坚定了我做民宿的决心。

我遇到的第一个困难，在我的记忆里挥之不去。

话说老吴帮我做好了主体建筑设计，我们就一直想找一个施工队，把这个基建工程包出去。我们找了无数家施工队，但谈了很多家都没谈妥，说钢材的价格一直在上涨，一天一个价，再加上我们需要施工方垫资，拖了半个月，还是没有人愿意承接这个工程，我和老吴决定去钢材市场看看行情。如果建材没有问题，我们就找施工队包工不包料，这样施工方就不怕建材涨价的风险了。

我们从襄阳谈好了20吨钢材，正如之前的施工队所言，钢材一天一个价，我们购买的是那几天最贵的，却是将来几天最便宜的。

不管市场跌涨如何，这20吨钢材怎样从襄阳运回小村庄成了大问题。还好我们村刚刚把3米宽的水泥路铺成了6米宽的柏油路，只有几个弯有点陡。我去请教修路工程队的梅老板。

梅老板告诉我他运输的材料上过车身12米长的货车，完全没问题。

听到他这么说我吃了定心丸,于是请卖家帮我们联系了一辆12米长的货车,把钢材从襄阳运到我们村。

这台货车因为以前老跑襄阳到神农架这条线路,对神农架比较熟,又通过网络联系到了返程的货物,所以我们谈好了运费4800元。这个价格比我们在网上看到的价格都便宜,车也拉得了20吨的货。

我虽然没有娶过新娘,但等待这20吨钢材的心情,确实像等待新娘,等待新生活的希望。

2020年的冬天可能知道我要大干一场,老天很赏脸,雨和雪都来得很少,太阳是值得信赖的老朋友,常常都在。

木瓜园是一个神奇的地方,用我妈妈的话说这是一个好阳坡,早上天一亮太阳就敬业地哼哧哼哧爬过山峰,温暖着老君山下的莽莽森林。太阳把朝向它的森林,林中的百兽万木,茶园,茶园里的千根万枝,房屋，房屋里的人和人拥有的一切，土地，土地在冬季孕育和呵护的菜蔬及猪圈、鸡窝都照得暖暖的。

但白天阳光越是偏爱木瓜园，木瓜园越是温暖，夜晚冬季就要来木瓜园宣示一下主权——好歹也要放尊重一下，现在是冬季！是神农架高山之上的冬季，是华中地区离天空最近的地方的冬季！

绿油油的青菜、茶树，在白天被阳光照耀后，夜晚寒冷裹上白霜，早上再看菜园、茶园、白茫茫一片，像是下了雪一般。等阳光出来，大地蒸腾出如梦如幻的雾气，在木瓜园的山谷飘来荡去，再随着阳光散去。

在日夜交替更迭之时，远山被笼罩在黑暗之中，山的轮廓更深邃，仿佛在黑上又重重再压上一层黑。这样的黑色与夜空相连，星星在夜空中有着钻石般的光亮和质感。天一亮，茶树和菜蔬都披上了厚厚一层白霜。我想茶树和菜蔬若不是白天得到了阳光足够的温暖，一定不愿意经历木瓜园的夜晚。

这位货车司机早就领略过神农架的冬季，所以在艳阳高照的正午时分，他就把钢材送了过来。不过他上木瓜园支线公路第一个弯道的时候，就给我打电话说弯道太陡，他是重车，问后面还有几个弯。

我告诉他后面比较陡的弯就两个，然后在家等待货车来了卸货。

没过几分钟，司机给我打电话说碰到一个弯道实在是过不了了，让我去看看。

我开始怀疑这个司机的驾驶水平，修路的梅老板除了给我们木瓜园修路，还帮我们铺茶园栈道，也运输过钢材和防腐木上来。我请他和司机通话的时候，他把车的轮距、后八轮和拐弯半径等一系列专业术语都和司机沟通得一清二楚，司机怎么可能过不来呢？我也亲眼看到过帮梅老板运送建材的大车上来。这个司机，到底是卡在哪里了？

开车过两个急弯都没有碰到司机，当我看到大货车停的位置时，我才明白了司机的难处。

原来我们只考虑了货车的长度，一直没有和司机沟通货车的高度，他车的车厢两侧有栏板，可能是为了多装货，车的栏板很高，而车停下的位置刚好是一个90°的弯，那里路的两侧都是房屋。此时房屋的主人也正看着这辆大车，他一直交代司机，千万不要挂到他的房屋。

如果他在这里拐弯，他的栏板势必会碰掉一侧房屋的房顶，房顶一角的瓦会被挂掉。所以司机不敢走了，卡在了这里。

那天的阳光很好，天依然蓝得很纯粹，纯粹得没有一点心机。我面对着巨大的卡车，无助感也很纯粹。我期待的建材近在咫尺，却因为司机加的栏板和道路两边的房屋，又让它们远在天边。

这最后两公里的路程，抛出了乡建的第一个难题给我，现场来了很多围观的人。大家看着卡车里的建材，一顿评头论足，问东问西后，终于有人提出了一个建议：拆掉护栏，让车头拐弯的半径尽可能扩大。我给村书记打电话提出要下两块路边的护栏，一再保证等大车过了会装回去后，司机拿出了他的工具箱。

我们开始下护栏。我是一个天塌下来有高个儿顶着的极端乐观主义者，丝毫不觉得这个小小的弯抵挡得住这辆巨大的卡车和车上的20吨钢材。直到下完了拐角的护栏，司机试了无数次后，还是说过不了，他坚定地告诉我，他的车就是过不去。

围观群众出了个主意，找个小点的中转车，由4个工人把这20吨钢材转到小车上，再用小车拉到我家去。4个工人说中转这20吨钢材要800块钱人工费，小车司机说700元一趟。

我始终记得那天阳光很好，我遇到困难后，前期我想合作的杜老板正好在木鱼镇有工程，也赶来帮忙，去兴山办事的老吴也赶回来了。材

料到了村里进不了施工场地肯定是不行的。我说那咱们就这么干吧,一个临时中转队就组成了。

路口的人家把家里的炉子烧得旺旺的,喊我们进屋休息、烤火。我们这里家家户户都有一个烟囱可以伸出屋外的烤火炉,一家人都围着烤火炉转。这家人对我开放了他们的烤火炉,还拿来了花生、瓜子,奉来茶水,又去拿了满满一筐柴。工人们干一干、歇一歇,歇息的时候他们告诉我,好多年都没有干过这么累的活了。我很内疚,眼看就要吃晚饭了,我去一个农家饭庄定了一个腊肉火锅,又炒了几个菜,用高压锅打包带回来,请工人和司机吃。我一点也没有想到他们是那种会看人下菜的人,而且就是从这一天起,他们觉得枝子是一个是话就信的人。

我从未检讨过我自己的这个问题,我觉得对人最基本的信任和怜悯是让我能够在农村立足的基础。尽管我已经在木瓜园吃了一次又一次亏,被村民背地嘲笑,但我深深地明白乡村给予我的,远远比我付出的要多得多。

吃完我精心准备的晚餐后(大家说炒个盒饭来吃就好了,没想到我准备得这么丰盛),平时和我话说得比较多的工头说:"这个活,800干不了。如果就给800块钱,大家都要撂挑子不干了,这些钢材太重了。"我说:"一开始你们都看见了是多少,我也告诉了你们是20吨钢材,你们也是看着这些钢材要的价,我又没有凭空多出来什么东西,做人做事要讲诚信。"

道理是怎么掰扯的我已经不太记得了,总之,讨价还价后,如果要请他们转运完这些钢材,费用要翻一番,1600元。天已经黑透,这样僵持也不是办法,我答应后大家才又开动。

韦家秀对我的批评有一条——枝子最老实,容易被人拿捏,在枝子的工地上最好干活,因为偷懒枝子也看不出来。

我承认她说的都是事实。但这件事从头到尾我都没让她知道,免得徒增烦恼。后来家里又缺工人,这几位工人,我再没有喊他们到我家干活。我希望和我合作的人,能把"诚信"二字跟着汗水一起浇筑在枝子的花园里。

天已经黑透了,木瓜园的冬季很有意思,白天越是大晴天,天气越是暖和,夜晚就越寒冷。

我看着工地上被卡车倒得七零八落的建材伴随着对面雄伟的山一起沉入木瓜园的黑夜中,心想你们终于抵达了。

这批建材的运费,从襄阳到神农架,再到那个被屋檐挡住不可前进的地方,是4800元;从那里到工地,不到5公里路,运费是3700元。

许久后突然有一个人对我说:"枝子,如果我是你,我就选择撞坏那家的屋顶一角,顶多赔500块钱,何必要花那么大的工夫,多花那么多冤枉钱呢?"

　　我极少愿意去回想我们的建材是怎样运上山的,偶尔想起也觉得不如撞坏别人的屋檐,大不了赔钱得了。但在乡村里,连修路都丝毫未动的房子是一家人最宝贵的财产,是他们用心呵护的产业,并不是损害照价赔偿这么简单的。

　　那些我用了笨功夫才运到枝子的花园的建材,早已经被水泥、钢筋、电焊牢固地焊在了这里。我一直用这种笨功夫在村里生活着,直到某天,大家不再说"从城里来的枝子",而是说"我们木瓜园的枝子"。我也用真诚成为木瓜园的一员。

## 老吴与"搞球不成"

老吴冷眼看那些坐地起价的工人,他一直埋怨我统筹的能力太差,每每交代给我的事情我根本没有能力完成。

叫电焊工人、木工、小工,在别人那里那么容易,在我这里总叫不到人。我发动我的一切力量叫人来干活,给我们干过活的人不单单有木瓜园、红花坪村的人,后来统计发现,我们的施工班子遍布了神农架八个乡镇,连最边远的红举村都有工人来给我们干过活。我都不知道我自己是发动了哪些力量把这些工人召集到木瓜园的,就连老吴都佩服我到五体投地:"枝子,我都想不通你到底有什么样的魅力,能把理解能力最差的人全部集齐到你这里干活。"

其实我也挺佩服老吴的,我请来的任何一个工头,只要老吴告诉他应该怎样干活,那个工头的第一句话总是:"那搞球不成!"

这句话是地道的神农架方言,意思就是办不到。

我问老吴为什么每个工头都这样回应,老吴说他们就想告诉你这活儿难度很大,要找你多要钱呗。

我不觉得工头是这样的人,和他们深入沟通后,有一大半的人告诉我,在他们的行业规矩里,不会这样干。例如门是方方正正的,老吴非要让他们搞歪的,那不是歪门邪道吗?哪有这样干的呢?不行,就是不行。

我想了想，对工人说："你们就按照老吴的意思去办。给我盖房子，我都不介意门是歪的，你们介意个啥呢？"

我大大低估了我们山里人的倔强。大概是看到老板已经和设计师站在一边了，已经开始干活的工头听到老吴说这个地方得焊成一个方的，他们说好。等老吴进屋烤火，过一会儿出来瞟一眼，发现焊成了个圆的。于是他生气地破口大骂，那些工人一言不发。

我很讨厌老吴骂人。我是一个文明人，一直觉得有什么问题不能坐下来讲清楚，为什么非要用这样粗暴的方式来沟通呢？为啥要骂得这么难听呢？

老吴说："为啥？我为啥骂人？这一天就是错了再改，改了再错，钢材锯了再焊，焊了再锯，你知道焊工多少钱一天吗？你知道这钢材多少钱一吨买回来的吗？这耽误的时间一分钱不少你得付给别人，四五个焊工还不带小工，一天工钱两三千，焊错了切，切了再焊，半天工夫耽误了，耽误的都是钱，不骂人行吗？对这样的蠢货，就是要骂！你就得用简单粗暴的方式沟通！你们这些蠢货，就数老板最蠢，分不出好赖人！"

不得不说我是一个相信别人的话的人。每次出现这样的矛盾时，工人要么一言不发，要么就说老吴就是这么指挥的。我看着这样的场景，直到今天我也不知道到底谁对谁错，但无论谁对谁错，这样的损失全部都由我来承担。用坏的材料是我花钱买回来的，工人的工资是计时工资，人家一天做对了也好，做错了也罢，工资是必须要付的。

原来有人的地方就有江湖。用江湖话讲便是里面的水很深，我们外行人压根看不出来。设计师指挥过很多现场，基本上工人的错误他一眼就能看出来，看出来就破口大骂，骂得工人烦了，工人就来一句经典的"这搞球不成了"。干活的工具一扔撂下摊子就走也是有的。工人气呼呼

的,老吴也气呼呼的,仿佛做错事的是我,一个一窍不通又没有强大经济实力的人,在乡村干民宿本身就是一个错误。

我们请的外地的工人晚上都住在我租来的民宿里。每天晚上,老吴会和我聊方案聊到很晚,去睡觉的时候特意把门反锁,他说怕工人半夜起来趁他睡着了打他。

我说:"我们神农架的人不会这样的,我们都是文明人。"

我也没有想到我这样反对暴力的人,在工程进行到最后的时候都气得和他打了一架。虽然老吴说得都对,吵也好、骂也好,都是为了让民宿改造建设工程快些完工，但工人在这样寒冷的环境中工作也确实辛苦。

我们每天早上六点半就要送陆姐和工人到工地。工程开工后，木瓜园越来越冷了。早晨星星还未隐去，刺骨的寒风在户外如影随形。陆姐到了就赶紧生炉子。那是个在神农架山区常见的烤火炉，炉膛上方有一个圆形的餐桌，在山区可以取暖做饭，还可以烧水。烧柴火、煤块都行，一个烟囱伸到屋外把烟排出去就行了。

神农架高大的山阻拦着冬日懒散的太阳，早上六点多天还未亮。田里、茶园里都被夜晚镀上了一层白霜。到了工地，陆姐打开炉门，头天晚上她会放很多煤在炉膛里慢慢熬着，早上打开炉门一小会儿，炉子里的煤块就红了，黑色的黄金变成红色，在寒冬散发出沉睡在地下亿万年的热量。早上大伙借着这个炉子把全身都烤热了，再吃早餐，才有力气干活。

给工人做早餐，或是稀饭馒头煮鸡蛋，或是下鸡蛋面，或是煮疙瘩汤、苞谷浆糊嘟（玉米磨浆后煮成的糊状粥），或是蛋炒饭，陆姐总是想方设法一边帮我省钱一边让工人吃好。

陆姐是一个温和的大姐，在凛凛寒冬，她把内心所有的温情都注入热气腾腾的餐食中，一边热情地询问工人们吃饱没有，一边让工人千万别和老吴计较。

一个温和且温暖的人，在寒冷的冬天是工地的主心骨。

# 火塘

木瓜园冬天的气质随神农架。虽然与莽莽雄山相比,它只是群山万壑中的一个小点,但它是属于神农架的一个小点。

神农架华中屋脊,莽莽群山,雄壮逶迤。这是神奇且神秘的地方,这里是老虎、金钱豹、黑熊、狼群与原住民共享森林的地方,是金丝猴尾巴挂着冰柱在寂静的冬天与猴群相依相偎默然不语的地方。八万人在四千多种植被、六百多种脊椎动物、无数昆虫、数不尽的微生物面前足够渺小。

冬日,夜晚要比白天长很多。夜晚带来来自星空和月光的寒意,提醒森林大地、溪水河流、天空的飞鸟、林中的百兽们,歇歇吧!在晶莹剔透的雪白森林里歇歇吧!为了来年春天的富饶,歇歇吧!为了夏日森林的绿浪翻腾,歇歇吧!为了秋天的收获,歇歇吧!冬天是寒冷包裹群山、修复群山、安慰群山的时间,群山里的草木生灵们,都在神农架的寒冷中歇歇吧!

高山之上,白天,我们离太阳近些,夜晚,我们离星星和月亮近些。尽管冬日的阳光还是给了我们些许的温暖,但下午三四点,太阳就告别村庄,急急地落下山头,黑夜还未到,寒冷迅速罩住莽莽群山。神农架的每个村庄、每座房屋都无法逃离属于大山的冬天。

来自东北的老吴无法理解神农架的寒冷。明明地里还长着生机盎

然、绿油油的白菜,而且这白菜无论煎炒炖煮都倔强地带着寒冷赋予它的清甜。无论哪里来的人,只要吃过神农架冬季打霜后的白菜,都会惊呼这白菜怎么这么好吃。

在东北,冬季零下二三十度,田野里不可能露天还长白菜,但完善的室内取暖措施,却能让东北人在冬天在屋里就穿个短袖。这是我们山里人无法理解的东北,而一个东北建筑师也无法理解,明明地里还长着这么好吃的菜,怎么屋里就冻死人呢?

其实吧,我觉得老吴的"神农架能冻死人"的谬论,首先出自他的习惯,他习惯进屋脱衣服。但神农架的大部分地区冬季都没有取暖设施,屋里和屋外的气温差别并不大。

神农架最有特色的是火塘。我记忆中的神农架建筑,最离不开的是火塘。我在神农架宋洛乡外公外婆的农庄里长大。火塘是深山农家重要的活动场所,是我童年回忆中最温暖温馨的地方。

神农架的火塘无论春夏秋冬一年四季火不熄灭。火塘一般都是在偏房中间挖一个火坑,火坑可以是圆的,也可以是方的。有条件的家庭在火坑边上砌一圈青石板,没条件的就是那么一个坑,但丝毫不影响火塘的用处。

老树桩点燃的疙瘩火可以烧几天几夜。早晨外婆会扒拉开火灰,放些小木柴,用吹火筒吹旺火,几分钟后,黑黢黢的老铁炊壶里的水就咕嘟冒泡了,再叫来一家人洗漱。然后挂上黑黢黢的老吊锅,煮一锅苞谷糊嘟煮洋芋。中餐和晚餐如果没有客人,一家人也是围着火塘吃饭,若是冬天,客人也会请到火塘边用餐。

我对老火塘最热烈的记忆便是太阳彻底沉下了山,星星和月亮翻过山头占领星空的时候。

幼年时我对夜晚寂静的森林充满了恐惧,猫头鹰、狼群都喜欢在夜

晚叫。外公外婆住在森林之中，没有电，夜晚就没有灯，火塘升起的火光便格外珍贵。老太太、外公、外婆、小姨、舅舅们围着火塘而坐。大家在火塘边讲森林里山精鬼怪的故事，我们依偎在老太太的怀里，害怕极了，却还是想知道山精到底是保护小孩的，还是吃小孩的？老虎到底离我们有多远？为什么我听见狼就在耳边号叫？老人们讲完一个，我们还要再听一个。在山的故事中，在温暖的火塘边，孩子眼里的神农架没有冬天，只有无穷无尽的山里神仙的传说和烟熏的人间烟火的温情。

等听故事都听困了，孩子们打着哈欠，火塘上的大铁炊壶咕嘟咕嘟冒了许久的泡泡，加了一次又一次的冷水，外婆下令："要去睡觉了。"我们和舅舅、小姨们齐心协力推来大木盆。从火塘的铁吊钩上取下沸腾了许久的铁壶，将热水混合凉水倒到木盆里，四五双脚泡在木盆中烫脚，有时外公或外婆会抱着我，让我把脚丫子踩在他们的脚上，舅舅、

小姨们会咯吱我们的脚，我们笑着、闹着把水花溅得到处都是。

神农架冷吗？有火塘的地方，栎树、板栗树、华山松、秦岭冷杉树劈成的柴火，和火光一起把整个森林的温暖都给了生活在森林中的人家！屋外白雪皑皑，屋里有白头发的老太太在火光中慈爱地抱着孙儿们，怎么会冷呢？火塘聚集了一家人，这是全世界最温暖的地方呀！

我对火塘的记忆，除了温暖，还有烟熏火燎。奇怪的是我一点都不记得那些烟熏不熏眼睛，只记得烟熏过的腊肉香，还能熏土豆、黄豆、玉米，这些粮食熏了耐放，不长虫。那些被烟熏过的土豆，会先被拿出去冻上，冻上的土豆黑黢黢的，再被拿到火塘上方的竹炕上熏，熏得秧软了，再炒来吃，又甜又糯。

火塘是个多么美好地方呀！一代又一代神农架人在土房温暖的火塘边长大，我们不用和黑熊一样找个山洞靠着舔巴掌度过严冬，也不用和麂子、"四不像"那些吃草的弱小动物一样在冬季提心吊胆地下山喝水觅食，再提心吊胆地上山。我们倒是像金丝猴一样，越是寒冷的冬天，一家人越是紧紧依偎在一起，不同的是金丝猴们在风雪中依偎在高大的巴山冷杉上，我们欢声笑语祖孙四代一起依偎在温暖的火塘边。

我们是土生土长的神农架人呀！是在火塘边汲取森林的温暖和力量成长起来的神农架山里的人呀！谁会不记得神农架的老火塘呢？谁会忘记它的温暖和柔情呢？

但为什么它从神农架慢慢地消失了呢？或许从我外公外婆离开高山，为了生活便利被子女们接到松柏镇时，就在慢慢与它告别，只是我们没有察觉到。

在松柏镇，我们住在石头砌的楼房里。最早用木炭取暖，后来有了烟囱可以伸出去的火炉，我们家就烤火炉。后来楼房越盖越高，楼下的烟会熏到楼上，大家就开始用电炉、空调、油汀、暖气片取暖。我们离火这种热能转换效率最低的取暖方式越来越远,火塘只能存在记忆中了。

但在我心中,我还是希望能够有一个火塘,那是可以把一家人团结在一起的取暖方式。那时没有手机、电视,甚至没有图书和报纸,只有几代人讲的山的故事,代代相传。

我们要改造的老宅就有一个偏屋,之前就是火塘。老吴听我讲了那么多火塘的故事,决定在原址帮我做个火塘。

## 建筑工地的冬天

我们刚开工就进入了冬季，神农架的冬季静谧且漫长。

天麻麻亮，我和工人们就来到工地。那时星星和月亮仍然占据天空，冬天不但冻住了水和土，仿佛把春夏秋三季清晨万鸟齐鸣的叫声也冻住了，冬季的寂静是寒冷给的。

只有麻雀和点水雀偶尔对着寒冷的乡村啼叫几声，静谧的村庄在鸟儿开嗓后才不情不愿地开始新的一天。而我们的老朋友太阳还未爬过山头把温暖送进木瓜园，寒冷肆无忌惮。

东北来的老吴无比诧异，不止一次跟我说："你们神农架，白菜都冻不死，但能冻死人！"吐槽我们的建筑和冬季取暖不合理。我是在神农架的莽莽森林里出生，烤着火塘的疙瘩火长大的，但离开了烟熏火燎的疙瘩火和火炉，确实是屋里屋外一样冷。我这样生活了几十年，从未质疑过这种生活，直到一个东北来的设计师以此为吐槽点，他是不能忍受这样的冬天的。他的房间有一个踢脚线取暖器，即使他只是每天夜里自己在小房间时才开着，这个小电器如果要保持房间一夜舒适的温度，电费每天也要50元。

老吴说如此耗能的原因是我们的建筑不保温，他给我设计的房子冬暖夏凉。

我们的工地由一栋需要改造的房子和一个地基组成。我们所有的热源都来自一个火炉。火炉也只能温暖那一间小屋,我们除了围在那堆火旁时可以暂且忘却寒冷,其他时间都被寒冷包裹着。

我是个很怕冷的人,比离开温暖火炉更让我痛苦的事情便是早上把身体从温暖的被窝拖到零度左右的室内(简单的砖混且没有取暖设施的屋子就是屋里屋外一样冷),比把身体拖出被窝更痛苦的是把脑子从沉睡的梦境喊到冰冷的现实。总之,我是个起床困难户。

从我们住的地方到工地差不多两公里路,开车只要七八分钟,走路要半小时。寒冷的清晨,任谁都不愿意早起,工人是为碎银几两,而我是为梦想。除此之外,我还要调和设计师老吴和工人的矛盾,每天开工之前要反复与工人确定是否明白了设计师的意图。

老吴是东北人,好一口酒,酒量还挺大。我们工地的伙食达不到他下酒的水平,为了感谢他给我做设计和建筑监理,我经常会带他去外面吃晚饭。他喝酒时间很长,我就得等很久,他喝完酒很亢奋,回去就会拉着我谈他对民宿设计的想法。我也不好意思不听,有时候一聊就到凌晨一点,我早上六点就要起床,而且我是那种又怕冷、瞌睡又很多的人,在工地就总是哈欠连天。

陆姐是我在这里租房的时候请的民宿管家,我工地开工后她就在工地做饭,人称大师傅。我早起除了看管工地之外,最重要的工作是早上开车送陆姐和工人一起去工地。陆姐要去工地给工人做早餐及预备中晚餐。

有一天晚上陆姐和一个开了车的工人商量,问他能否开车去工地,那个工人说可以,于是陆姐让我早上不用早起。陆姐对我的关爱,都是这些点点滴滴的小事情,例如心疼我辛苦,做饭的时候想办法让大家吃饱又不浪费,让老板少出点钱。我们的施工队伍,人少的时候十几个,人多的时候二十几个,早餐、中餐、晚餐都需要陆姐安排。陆姐只需要

告诉我买什么食材回来就行了,从未让我在做饭这件事上操一点多余的心。

我和大多数人一样,从未想过有一天会自己动手修建房屋。我的前半生从未有过这样的想法,我一直过着打工挣钱的生活,需要什么东西就去买,需要什么服务也去买。建房时我也未察觉这是自己人生中的最大挑战,它不期而至。我之所以开始,是我并未觉得这件事有多难。

妈妈说,天下最难,起屋造船。

直到今天,我坚持认为建房有些困难是因为建造房屋的地点是偏远乡村,是购买建材与服务不便造成的,但我内心知道其实最大的困难是我的能力配不上我想做的事情。我压根不懂老吴的设计,他和我说得再多,我也很难理解把图纸上美丽的建筑画出来的过程;他和工人的争吵,直到今天我也不知谁对谁错。

我需要做的事情便是设计师要什么东西我去买回来,要什么工人我给找回来。不管东西买不买得回来,我都会遭到老吴的严厉批评。

陆姐是个温和的人,对老吴也和对我的态度一样极尽尊重。但老吴在批评我事情没做好的时候,陆姐总给我帮腔。她看到了我的难,不管谁对谁错,她都坚决地站在我这一方。她与我,不仅是雇佣关系,更像是互相接纳的家人。

一天的生活在陆姐打开火炉的时候开始,她做事手脚麻利,预备好饭菜就赶紧去工地上帮忙,要么把工人锯剩下的边角余料收拢一堆,要么给电焊工人们打打下手,直到吃完晚饭。每个人都结束了一天的工作,可以围着火炉吃晚餐了。吃完晚餐,陆姐还在忙着收拾碗碟,预备第二天的饭菜,最后给火炉加满煤块,封住进风口。我们从工地返回驻地。大家的工作完成了,我还会和老吴一起讨论设计方案,讨论工程进度。我们还会一起吐槽工人,老吴也会吐槽我:"从未见过这么有能耐的老板,能把天底下最笨的工人都收拢到麾下干活。"

我也会充满敬意地回答:"对呀,吸引力法则,要不怎么能找来这么聪明的设计师呢!"

十几天,有时候下雨,有时候下雪。如果雪下得不大还能干活,如果下雨就只能放假了。所以我一直盼望着天晴,哪怕太阳不给力,阴天也行。但木瓜园很奇怪,白天越是艳阳高照,晴空万里,夜晚星月之光就越发寒冷。晚上水管的水龙头要拧开一点,让水管流水,不然就上冻了。

离新年不远了。到了腊月二十五六，工人们都问什么时候放假，他们要预备回家过年了。

神农架农村有年初干活、年底结账的习惯，总而言之，新年到，结账的时间也到了。我打开我的记工本，开始是我记录的，有时候我不在，不用我交代，陆姐就会拿起记工本帮我记录，只是陆姐只读过几年书，会认的、会写的字都不多，写了很多错别字，记人的名字都是用谐音，或者只记一个偏旁，好在我都能知道这些字代表谁。

除了我们会记工，每个工人也会把自己做工的时间记录好，然后拿到一起对。我和工人记录的做工时间大多是对的，但我也见过记工的人记阳历、干活的人记阴历这种情况，最后总是差那么几天，闹得不可开交。

放假的时候我们的房子大致有了一个钢结构的框架，我们是记日工，工程进度比老吴预期的慢多了，但钱花得一点也不慢。

我们在腊月二十五放假，我和工人们说明年正月十六继续来干活，无论这活大家干得有多不开心，结算工资的时候总是开心的。我手里的现金也随着购买建材和结算工资所剩无几，但新年的喜悦冲淡了我的担忧。马上新年了，回家和妈妈、女儿、家人一起过年！

# 新年，自由、雪花与梦

2021年新年，和我没有干民宿之前的三十几个新年一样，我自由自在地在家吃了一顿年夜饭。

极端乐观主义者从未想过之后的两个新年里，我要么在担忧民宿没有客人，要么在担忧来了这么多客人我们到底应该如何接待。

在我最喜欢的山野、田园、森林边，有我最爱的板栗树。板栗春天开出柔荑花序，在早春的寒风中尽显森林的无限温柔；秋季黄了叶，可爱的刺球爆出香甜的板栗，惹得一群群骄傲的红嘴蓝鹊拖着长长的尾巴在板栗树上飞来飞去。长居神农架深山的美食作家古清生说看到美丽的红嘴蓝鹊仿佛看到一个梦境。

我爱极了的木瓜树春天一边抖落出绿油油的叶子，一边在树枝上大刺刺地开水粉水粉的木瓜花，粉绿搭配在木瓜园公路两侧，散发出梨一般的木瓜幽香。

村庄挨着森林，森林包裹着村庄，离开村庄和田园，抬脚就能走进茂密的森林，森林里有无数我喜爱的树。我出生在神农架原始森林里的小农庄，成长于神农架莽莽原始森林，在野人嘎嘎的传说中，在烟熏火燎的老火塘边喝着土豆苞谷糊嘟长大。我与外公和赶山狗一起在白雪皑皑的林中赶过杖（打猎），我的母亲带我认识茫茫林海中的每一棵树，像是为我介绍她最好的朋友。夜晚聆听森林里林鸮与野狼的声声啼号。

仿佛我的基因里就带着在森林生存的记忆，我如此地热爱森林，热爱与森林相连的村庄。

我那么喜爱植物，觉得田野里开碎小蓝色星星花朵的婆婆纳很美，虽然我一再强调生命是平等的，但木瓜园两棵古老的千年铁坚杉还是震撼了我的心灵。古树从来都不是无名之辈，它在哪里都能代表权威和力量，让人一眼就看见。

木瓜园是被许多古树包围的村庄。铁坚杉、银杏树、梨树、木瓜树、枫香树在村庄里一起度过了许多个百年，它们不知道"诚信"二字的意义，更不会写这两个字，但千百年它们跟随着季节变换，从不失信，它们在百年风霜雨雪中沉默不语，只是按照节气，树叶绿了、黄了、红了，花开了、落叶了、结果了。古树给这个村庄增添了活力更增添了诚信，让我莫名地信任木瓜园，与诚不欺我的古树们一起信任这片土地。这里有大片大片我爱得不知所措的茶园，我亲手搭建的民宿被青翠浪漫又稳沉的茶园围裹。

这不单是我的梦想，更是无数有森林山野田园梦想的人羡慕的生活。然而，当我真的拥有了这个民宿，梦想成真后我发现属于我的自由正在一点点地与我告别。我已经好几年春节没有陪伴在家人亲友的身边，从前觉得再平常不过的新年亲友聚会，在干民宿这几年，不曾拥有过。

当然，以上都是后话。我是一个极度乐观主义者，哪怕一个钢结构的框架掏空了我的积蓄，我也始终觉得将来一切都会好的。

新年陪伴家人开心地吃了年夜饭。小时候回一趟老家宋洛山高路远，再加上晕车，车程仿佛一个世纪那么遥远。现在路修好了，自己也开车了，随妈妈和家里的七大姑八大姨们回老家给长辈拜年也不觉山高路远了。

亲戚相聚，总免不了问我在干吗。这么些年，我是家里年近四十还不稳定的一个。年轻时独自带孩子，让妈妈和家人提起我这个不省心的女儿就唉声叹气，觉得我的人生很失败。好不容易有了一个还算体面的工作，又被我辞了去跑世界。现在跑世界的活丢了，居然跑回乡村，在一个比老家还边远的乡村做民宿。不少亲戚朋友问，民宿是个啥？

我解释不清，妈妈给我打圆场：开民宿就是开宾馆、开农家乐。

夜晚褪去了白天的喧嚣，入睡前，我为自己加油鼓劲儿——等到我们的房子建好了，就能让所有人知道民宿是干什么的！我的民宿不但要建得美，我还要把这个陪伴我长大的高山里的故事讲出去。等我的房子建好，一切都会好的！

# 一个好阳坡

木瓜园属于红花坪村,和红花坪村的天子屋场分散在峡谷两侧的山上,中间夹着蜿蜒奔腾的当阳河。

木瓜园后山的最高峰是老君山。神农架山峰连着山峰，木瓜园与神农架最高峰神农顶也相连。山相连、水相连，天空更不用说也相连。

同一片蓝天下，还连着一个神奇的地方——阴峪河大峡谷。我们村有好几户人家是从神农顶深山峡谷深处的阴峪河大峡谷搬出来的。阴峪河大峡谷是神农架国家公园的核心区域，是华中地区最深邃的峡谷，也是神农架最神秘的地方，是神农架二十世纪八十年代创建国家级保护区时被划定的核心区域。为了让保护区核心区域生态不受人的干预，二十世纪八十年代保护区把阴峪河峡谷里的居民全部搬迁了出来。

阴峪河大峡谷至今依然不通公路，是神农架最神秘的地方之一。现今那里原住民搬迁时并未拆毁的房屋与大山同在，森林、树木、杂草在老房屋四周生长，房屋从树枝挑掉一片瓦开始衰败，时光让草木成了可以撼动房屋的拆迁者。那里的人自称阴峪河边的人，他们与自然一起生活了一代又一代。

他们搬迁出阴峪河的时候，无处发问心中唯一的困惑：何处是新家？

问风问雨问太阳！问山峰、问河谷、问故乡！

曾经生活在神农架最深邃的河谷边的人，大多都有亲戚关系，他们选择搬迁的地方在三个方向。

家中若有期盼孩子读书上学的，去了松柏镇。那里是神农架林区的首府，小学、初中和高中都有。

离开故土，谁不思念故乡？既然能背着家当从山里走出来，肯定是想背着家当走回去的，那就选离阴峪河最近的地方吧——木鱼青天袍村、红萍镇温水村、刘家屋场。住哪里？住在从故乡出来的那条小路刚刚连着公路的地方，住在那可以住人、能不被说是破坏生态的地方，住在那可以看见故乡的山水与天空的地方。

　　山里的人呀,谁不知故土最亲!他们世世代代居住在阴峪河,没有想过离开这里。

　　搬迁出来的时候,他们带着所有的家当和不多的补贴,去请了风水先生。他们和风水先生找遍了神农架的角角落落,最后找到了红花坪村,红花坪村最好的地方是木瓜园!

　　"一个好阳坡!"风水先生好久没有发出这样的感叹了。木瓜园是个好地方呀,早上太阳抵着晒,种什么都长得好,住这里好发财。万物生长靠太阳,阳坡,顾名思义是一天到晚都能晒到太阳的地方。在山里,人们喜爱住阳坡。阴峪河的人们搬迁出来近40年了。当年青涩的孩子和父辈们一起背着家中老旧的瓶瓶罐罐在山里行走了几天几夜始终无法

忘怀故土，但现在他们已把木瓜园当成了家。如那些从保护区核心区域搬迁出来的人一样，我也把这里当作第二个家了。

在我没有建民宿前，木瓜园对于我是情感意义上的家，我热爱这里，我将就地赁居在这里。现在给了我一个机会，我可以在这里改造一栋民居，使用它20年，我将因为这个改造，真正地在木瓜园有一个情感与物质全然具备的家。

等我把房屋框架搭好了，再告诉我妈我在木瓜园干民宿的时候，她老人家心慈嘴厉地教训我："农村不是那么好待的吧？"

老人家对小女儿的心疼是藏不住的,对于木瓜园这个好地方的喜欢,她也是藏不住的——一个好阳坡!

正月十五过完了,大地回春,木瓜园森林里的野桃花、野樱花、野梨花如烟花般次第绽放,一群群红嘴蓝鹊在一起欢唱春天。春风虽还寒冷,但我按捺不住激动的心情迫不及待地预备开工了。

没想到开年就碰到了一个大难题。去年开工时设计师老吴老觉得几个大工(电焊工、瓦工和木工等有技术的工人是大工,打杂帮手是小工)太笨,就找了一个小工代工,而且要求我给小工每天多付50元工资作代工费。老吴每天给那个小工交代工作,再由小工传达给工人。用老吴的话说,小工指挥大工。

开工前,这个总指挥小工给我打电话说他要去别的工地干扎钢筋的活了,那里给的比我给的高50元,还建议我找某某瓦工帮我指挥工人干活。

我略带不满地对设计师老吴说了这事,还顺带说了嘴:"这人太不够意思了,去年年底结完账后,我还赶紧给这个小工和周围邻居买了些米、面、油、烟酒等礼品,算是提前拜年了。"

老吴惊诧地看着我说:"你提着一堆东西去给小工拜年?"

我回答:"对呀!"

老吴说:"我干了这么多年工地,第一次听说老板给工人拜年的。这工人肯定不会来了。"我倒是诧异得不行,怎么可能呢?我对他这么好,每天还多给50元工资,还提礼物给他拜年,他为什么今年不来了呢?

老吴给我分析:在工地上,一般都是大工指挥小工,你这工地找的几个大工都不怎么机灵，我看就这个小工还稍微机灵点，让他指挥大工。原本走哪也没这个规矩，我在你的工地破坏了规矩也是万不得已，你还赶着给人家送礼，他会认为自己非常重要，无可替代。话说得很清楚了，就是让你给涨到大工的工资呗。

问题抛回我这里了，我是给小工开大工的工资，还是重新组队呢？

我选择重新组队。

除了去年几个设计师比较满意的电焊工，我开始四处打听工人。老吴总是说别人的工地只要给钱就能叫来一堆工人，我的工地却怎么也叫不来工人；工地上的工人说我们这个设计师的要求太不合理，大家一听在老吴手下干活，都不想来。我就在中间当风箱里的老鼠，两边巴结讨好，做个老好人。可那时的我，哪里有工头意识，我在拼尽全力建一栋房子，可是我并不知道房子是怎样盖起来的，每一道工序的意义是什么，老吴叫我找什么人，我就去找。

现在我和人聊天，一聊到谁是瓦工、木工、电焊工，谁会刷油漆、水电、架子工、钢筋工、打地坪，就会马上拿起手机，存电话号码、要微信，一气呵成，丝毫没有一个女人应有的矜持。我在自己建房子的时候完全不知道每个工序是干什么的，但我在使用了这个房子几年并看出它的一些问题后，我才慢慢明白它是怎样搭建的了。

也并不是那么复杂嘛。

木瓜园可是一个好阳坡呀，这样的好地方，总能叫来干活的人。

我们建房子的时候，木瓜园因为有成熟的民宿和景区神旅集团正在改造的民宿，被区里列为乡村民宿示范区。区里为我们把三米宽的水泥路拓展成六米宽的柏油路，我的邻居老蔡也在村里的工程队做瓦工。我问他能不能来给我干活,他说可以,还可以帮我喊几个人来,他不但会瓦工,还会木工。和他一起合作的师傅基本都会瓦工和木工,虽然技艺有些粗糙,但老吴交代的事情基本能完成。

老蔡除了不会电焊,几乎所有的活都能拿下,而且他一直在村里,谁会什么他清楚得很,就这样,他帮我拉起了一个以木瓜园本地村民为主的十来个人的农民工施工班子。

*Compilation 3*

辑三　土得掉渣

## 破烂王老吴

不得不说我们的设计师老吴是个绝顶聪明的人。开春后的工程，需要木工和木料，偏偏这个设计师放着建材市场那么多的木料不用，整天带着我在神农架走村串乡去收集老木料。

老吴开始让我去收老木料。我拍照发给他，他总是说不行。没办法，他就把工地上的事情交代好，抽空和我一起到深山乡村里去找木料。

老吴的了不起之处便是他随时随地在观察和学习。观察是一个艺术家的看家本领。因为要收老木料，我们只有走进村庄的最深处，走到几乎没有人迹的地方才可以难得地见到一两户并没有被拆掉且还有人居住的神农架老房子。神农架的八个乡镇和森林最深处的村庄都被我们走遍了。

老吴看到他喜欢的老宅，会迅速从包里掏出速写本，对着老宅素描，他极少拿手机拍照，只有不方便素描的时候，或是建筑过于复杂三两笔描不下来框架的时候，他才拿起手机拍两张。

我们总是要把车开到极为偏僻的地方。神农架虽然不大，但翻山越岭，有时候去一个村庄通常要开三四个小时的车才能见到人家，停留、观察、询问、回家，一天就这样结束了，在那样的深山老林里一进一出，仿佛出入了一个原始洪荒的世界。

在这些偏僻的村庄,很大一部分人家都拆掉了老的土夯老宅或是木制板房,盖起了砖混小洋楼。大部分是村民们的自发行为,叫拆旧建新。

有的老屋被拆了一半,另一半孤独地立在新盖的砖混房边上。奇怪的是即使家里的新房空着,或是只住了一两个年轻人,半边土墙的老屋依然住着老人。老人对土房有着非同寻常的感情,老人与老房,在边远的山村深处被砖房衬托得更加孤独。

被拆掉的老房屋木制建材被收集起来堆放,这就是老吴要带我深入村庄的目的之一,他要收集旧木料给我盖民宿。

每每到了有老房子和建材的地方,他总是让我看。我看一眼,只要是老房子我就会说好看,只要是盖的新砖混房,我甚至连看都不看一眼,我说不清楚到底是为什么,黄泥土夯老宅总是给我和谐的美感,如果还住着人,偏房总是炊烟袅袅升腾,更让人觉得亲切和温暖。而白色的砖混新房,感觉呆板、冰冷,虽然这些房子在神农架莽莽大山中立了二三十年时间,但山与房之间都很陌生,二三十年都无法互相融入。

就这样我们一起见到无数的老房,老吴总是让我看。我看到的也都差不多,就懒得再看。但老吴说每个房子虽然都差不多,但你细看,就会发现差别很大。

老宅一般都有偏房,偏房大多是火塘、厨房、杂物间和猪圈、牲口棚。有的老宅有一个偏房,有的老宅有很多偏房,偏房也不尽是同一时间盖的,大多是一个家庭人口增加后慢慢围着正屋盖起来的。无论怎么盖,黄土、木屋、石头,甚至木屋上的瓦片都长满苔藓,看起来都那么和谐。

老屋的建材都是山里生山里长的,或是原本就在那里的。

我会讲方言,老吴便让我问主人废旧木料卖不卖,得到的回复大多都是不卖。我问他们不卖留着干吗,他们说要留着烧,现在不让砍柴了,弄柴费劲。

老吴对我连废旧木料也买不来很是鄙视,我们的第一批废旧木料便是他一个人去红坪镇的深山里收回来的。他一边收还一边不忘记数落我:"连个破烂都收不回来,你的沟通能力怎么这么差劲!"

我只好回他:"你沟通能力强,你破烂王,行了吧!"说完,我还唱起了:"酒干啦瓶卖我!酒干啦瓶卖我!"气得老吴说:"要不是看你是个女人,我早打你了!"

于是老吴多了一个绰号——破烂王。

一次我们到潮水河的一户人家,从公路走到他家还要十分钟时间。老宅很大,原本是弟兄两人住的,大哥在公路边上盖了新房,老宅拆了,大嫂得知我们要买旧木料,就带我们走到老宅去。弟弟得过小儿麻痹症，腿有残疾，一直没有结婚，就一个人住在没有拆的半边老宅。

弟弟虽然腿不好，但人长得很精神。虽然一个人居住，但房前屋后收拾得很干净，还养了三十几只土鸡和近十头肥猪，为了有粮食喂猪喂鸡，他一个人还种了七八亩地。

老吴从哥哥拆掉的半边老宅的杂物堆里看中了一扇老门、旧木料和从老宅上拆下的小瓦。

所有可以买卖的东西，是大哥的，就由大嫂作价；是弟弟的，就由弟弟作价。弟兄两人分家一砖一瓦都分得清清楚楚，明明白白。

他们家的老门格外厚重，还有些波浪形的线条。这在许多老宅的旧木料里极为罕见。和他们聊天才得知他们家原来是这一带的大地主，1949年前，他们家里做工的长工就有十几人。虽然和神农架青天袍的财主比起来算是小门小户，但正因为门户小，在历史的动荡中还是保留了一扇有历史感的厚重老门，子孙不富裕，却极勤奋努力。

弟弟养猪，在离老宅正屋一条小沟两三米距离处搭建了几间垛壁子猪圈。几间猪圈并不是同一时间搭建出来的，这个单身的山里汉子觉得喂猪还是一条路，又去森林里砍了些笔直的木料，一点点垒出第二个、第三个猪圈。

垛壁子是神农架最古老的建筑。传说神农氏在此搭架采药，见此地山民都居住在山洞之中，黑暗潮湿不说，还时常遭到毒蛇和毒虫的侵扰。神农氏教山民就地取材，用木头搭建房屋。那时候没有机械，没有铁钉，只能用刀慢慢地去掉树皮，在圆木两边凿出榫卯结构。若树木弯曲不直，中间有缝隙，用黄泥和浆糊上，便可密不透风。

这种建筑在神农架保留至今。弟弟靠山吃山，虽然一个人生活在深山老林中，与繁华隔绝，但他搭建的垛壁子猪圈与山峰走势平行，在群山中颇有艺术范。

老吴又叫我看。我说看个啥?他说你看猪圈。

垛壁子猪圈确实好看,但我看来看去它也就是个猪圈。开春许久了,猪儿们都长到一百多斤了,十头黑毛猪被关在三四间垛壁子牲口棚里。因为猪经常靠在垛壁子的木料上蹭痒痒,木头已经被猪蹭得黑得发亮了。

垛壁子猪圈大多是方形,有一半有个半坡顶,在遮风避雨的顶下是猪的"卧室",再用木板或者垛壁子将没有顶的活动区域隔起来,避风避雨,温暖干燥。活动区域有一半是敞开的,敞开部分的一半地面有坡度,猪吃饭的猪槽会放在高处,低处就是猪的厕所。猪很爱干净,有了厕所就会固定在那里排泄。弟弟家还有几亩田,养这些猪不用再买肥料,直接把猪粪淋到田里就行了。这是一个非常合理且环保的山居生态循环,就是费人工,弟弟一个人打理这些事儿,每天都没闲的时候。

老吴让我看猪圈,我看到了男主人的辛劳,还看到那些在猪圈里哼哈找食的猪,到了冬天它们就会变成一块块肥美的烟熏腊肉。猪蹄子、五花肉、排骨、座子肉,用香柏树枝加橘子皮一起熏,香得很。

我还看到七八亩有机玉米地,心想着等秋季主人收割了玉米,要买些回去打面吃,这是没有化肥农药的纯有机粮食。还没跟老吴说看到了什么,我便去找弟弟说买玉米的事,弟弟听完连连摆手:"我这个苞谷是专门喂猪的高产苞谷,不是人吃的,不好吃。"

老吴的看与我的看差别太大,有时候老吴都不想和我说话,但那天老吴或许是收到了他想要的木料,心情极好,指着猪圈上方的两三个建筑对我说,你仔细看。

猪圈后面还有一个牛棚改造的杂物间。牛棚是十几平方米的土夯建筑,虽然很小但很高,分上下两层,巧妙地运用了神农架的坡地:一层在坡下,以前是关牛的,现在家里没有养牛,就堆放喂猪的玉米,离猪圈也不远;二层刚好在坎上,但门开在与一层的门完全相反的地方,因为以前是养牛的地方,这样开门,一楼牲口的味道就不会直接冲到二层来。虽是二层,但从坎上过去很方便,直接搭两块木板就走到二层了。不得不说以前的人就算做个牛棚也是很讲究的。二层堆放的杂物,有杀猪凳、老桌子椅子和一个风斗,除了杀猪凳弟弟说他还要用,一些老桌椅都在弟弟作价后被我们买走了。牛棚顶上还是用的小瓦片。牛棚边上还有一个旱厕。鸡窝是用竹子搭建的,虽然小,但主人搭得很精致。山里有黄鼠狼,夏季蛇也爱偷吃鸡蛋,所以鸡窝做成了一个有门的密闭方形空间,细小的竹子被密密地编织在一起。白天把门打开鸡群出来觅食,晚上关起门鸡群就有了安全温暖的小家。

猪圈、牛棚、鸡窝和厕所成了一个小建筑群,排列高低错落有致,下面是田园,粪水沿主人掏好的小沟可以流到田边堆肥。

老吴除了屋前屋后地翻他们家的旧木料和老物件,就是看猪圈、牛棚、鸡窝、厕所形成的建筑群,甚至难得地掏出手机,一边嘟囔着好看,一边对着建筑群拍了一张照片。

在这家老宅收的木料、旧物件、老砖小瓦,整整要拖两车。我们定好了价,叫来了车,弟弟和大嫂请了一个帮忙的,我们就预备装车。

大嫂心疼小叔子这个弟弟,说弟弟腿不好怕是背不动重的,就让弟弟背轻物,但弟弟坚持要自己把卖给我们的东西背到路边的车上。

破烂王老吴还帮我从神农坛村最深处的村庄找到了一堆旧木料做垛壁子,现在是我们家的招牌墙、文化墙的一部分。我们从神农架的东西南北都拆过旧木料,虽然它们大致差不多,但它们背后的故事是不一样的。

潮水河腿部残疾的弟弟家,家中以前是大地主,家里的门板厚实,门上还有一些简单的线条装饰。在神农架的老旧物中极少看到复杂的花纹、雕刻,主要是山大难进,地广人稀,艺术工匠很难到这里来。但人无论在何时何地总是爱美的,神农架的门庭、门头的美是体现在线条之中的。

我去过与我们同享巴山余脉的恩施土家族苗族自治州巴东县,长江从巴东县城逶迤的大巴山余脉穿行而过。巴东县是一个土家族居多的山城,人口比神农架密集,旧门框、花窗花纹颇为复杂,甚至还有雕梁画栋的复杂工艺。

老吴在大学当老师,总结归纳的能力极强。他观察神农架人的生活习惯、建筑习惯,再回来看我们正在修建的老宅,白天若出去看到了非常精彩的建筑细节,回家就会对着设计手稿涂涂改改。我们的工地也会经常干到一半就接到老吴要求拆了重建的指令,有的工人意见就更大了。我也不懂,什么都不说。倒是陆姐,提醒我拆了建建了拆,那都是钱呀!

## 王书记与鸡窝

初识咱们村的王书记,尴尬得很。

那是2018年,我在村里租了一栋民房,和村民签订了五年的租赁合同,怕村民中途反悔,便到村里请村委会作为第三方互相监督。

那天我和房东一起到村委会,房东对我说在村委会大厅的正是红花坪村支书王祖清。我把合同拿出来,说明了来意,王书记用手扶了扶眼

镜,把合同从头到尾看了一遍,面露不解地问:"民宿是个啥?"我开始从民宿的定义解释:"民宿就是把多余的房间拿出来接待客人。"

"哦,那就是农家乐!"王书记回答。

我一听着急了:"民宿不是农家乐,您可以理解成它是农家乐的升级版,通过民宿,游客可以感受到地方的风土人情,更注重主人文化。"

王书记皱着眉头表示没有听懂二者到底有什么区别,一边继续翻看着我的合同,一边回答:"你把农家乐搞在这个山沟沟里面,怕是没有客人会来哦!"

我但凡遇到说民宿是农家乐的就有点轴,非要解释一下:"这不是农家乐,这是民宿!民宿就是要搞在偏僻的山沟沟里面,我专门找的这个山沟沟。"

眼看着王书记已经把合同翻来覆去地看了三遍,看完他觉得没问题,便把合同放下去抽屉找村委会的公章,然后对我说了句:"我不管你搞什么,反正不能在村里搞鸡窝!"

我知道此"鸡窝"非彼"鸡窝",意思是我不管你在我们村租房子具体干什么,反正不能搞黄赌毒等违法犯罪的事情,只要是合法的事随便搞!但我还是忍不住地怼了回去:"哎!王书记您还真别说,我就想在农村养几只土鸡,吃土鸡蛋!"

大家哈哈哈大笑,王书记白了我一眼,也笑了,他帮我在三份合同上盖好了村里的公章,眼神和表情里充满了对我这个新来村里人的好奇。

我没有想到王书记那么爽快就帮我盖好了章,我想王书记也没有想到他的一个叮嘱 "反正不能在村里搞鸡窝"会成为一个经典笑话。每当我想起我和王书记的第一次相逢,和后来我时常给他找麻烦——调解我和邻里的矛盾、请求他帮我证明我在村里做民宿、以村集体的名义为

民宿背书,我都会想起王书记和鸡窝的故事。除了王书记的经典语录"干啥都行,就是不能搞鸡窝"以外,我还为王书记的鸡窝写了新故事。

建民宿期间,我和老吴常常走在乡村深处。那里有不愿意走出深山的人,就如潮水河的弟弟一样,一个人住在山里,人勤快,大山就慷慨地养育和滋润他。

神农架的牛棚鸡圈很有意思,大多都是两层。很多有关土家族的山居记载都说一楼住牲口,二楼住人。等我深入到神农架许多村庄走访,询问老人才得知,早年神农架接近恩施土家族的地区,受土家族文化影响,喜用木头搭建吊脚楼。早年间的土家吊脚楼一楼是牲口的住处,二楼住人。但这里毕竟是神农架,山大人稀,有的是地方,虽然我们接受了吊脚楼的建筑形式,但不用与牲口同住。这里的吊脚楼大多不住人,用来堆放杂物。在神农架,即使是牲口棚、杂物间,也做成小两层,这样的结构很有意思。

我一直有一个养鸡梦,这样每天都有新鲜鸡蛋吃,家里的厨余垃圾也可以被生态处理。如果在农村有一个后院,养三五只鸡便可以有十分高效的生态循环。果皮和剩饭可以喂鸡,鸡粪可以堆肥回田种植蔬菜。与老吴分享这个梦想的时候,老吴说那我在你的民宿给你搭一个豪华鸡窝!

我又请来了木鱼镇的一位老木匠杨师傅,老吴对杨师傅很满意,很多构想有了好工匠,就可以慢慢开始了。我们的鸡窝采用木结构,用四个木桩作基础,为了防蛇和黄鼠狼,把鸡窝略微抬离地面。整个屋子用旧木板搭建,屋顶用最传统的小瓦铺盖。

木楼的屋脊学习潮水河弟弟家的牲口棚,与山峰同侧。老吴做这个屋脊的时候对我说:"你们神农架的房子,住人的地方屋脊从不与山峰同侧,大概是觉得人在山的保护下,总是要向山低头,不能与山峰硬杠。但住牲口的房子就不一样了,屋脊或是正对着山峰,或是与山峰同测,像是与山争高低一样。山里人讲风水自然,牲口是自然的一部分,不用向山峰低头吧。"

我没想到一个小小的牲口棚有这么多讲究,但我真的喜欢用我们走村串乡收来的旧木板搭建的吊脚楼。

它朴素,虽是刚搭建出来的,却因使用了旧木料和饱经风霜雨雪的小瓦,自带岁月的沧桑感。你只用看它一眼,就知道里面藏了很多很多深山里的故事,我喜欢极了。

我们的工地有点复杂,原本有一栋待修缮的老房子,现在又新盖了一栋。老房子挨着后山,我认为是后面,新房子面朝大山和下坡,我认为是前面。但老吴觉得老房子在东边,应该是前面,新房子在西边,应该是后面。由于我们对"前面"和"后面"方位理解的不统一,在沟通

时就发生了误解：老吴说他在"前面"，其实是在老房子，而我理解的"前面"是新房子，结果就是半天找不到人。

现在又在新房这边建了一栋木楼。老吴对我说："要不你给木楼取个名字吧，免得让人难找，这么小个地方都能让人迷路。"

老吴说这话的时候相当得意，因为我们租下这个旧宅的时候发现这个房子最大的缺点就是在路边，在老吴看来，客人的私密感很重要，所以尽量要让客房、院子与大马路隔绝。这个要求简直是在螺蛳壳里做道场，方寸之间做腾挪，把我们这里能够用的空间都用上了。

我想都没想就对老吴说这栋木楼就叫鸡窝！红花坪的王书记不是说我啥都能干，就是不能搞鸡窝吗？哈哈哈，我建了一个，还是豪华版的。

等我的民宿完工，我就可以在豪华鸡窝里养土鸡了，想想就很美。

# 陆姐与土地

第一次在劳动中明白"土"与"土地"其实是两个不同的词语，而教会我理解这两个词的，是我的管家陆姐。

管家陆姐是一个忠心的管家，从我租房做民宿开始她就一直在帮我做事，我每天在神农架的深山老林里晃，家里吃饭、卫生、接待客人全靠陆姐一人打理。

2019年，我还在经营租赁民宿的时候，入秋后游客渐少，民宿经营的事情也少了，陆姐便开始每天忙菜园的事。陆姐种菜如绣花，那些婆婆纳、鹅儿肠、杂草都不怕即将到来的寒冬，依然在寒风起时冒出嫩芽，陆姐说草要两三天就扯一回，不然它们一下子就会占上风。

菜园边的獐芽菜正倚在鸡心菊边上开花，虽然我知道这些繁殖能力超强的野生植物一不注意就会占领菜园，可是它们正在盛放呢，就让它们留在菜园，和黄色的鸡心菊、匍匐在地的南瓜、露出地面的土豆，还有带刺的月季一起度过一个热热闹闹的秋天吧。

在我们这里，种蒜不叫种蒜，而叫排蒜。老乡们都这么叫，我想可能是要成行成列排列整齐的缘故。但种土豆也是成行成列，就不叫"排土豆"，要叫"镐（神农架方言读 gào）土豆"，查了很久应该用哪个 gào 字，发现"镐"字有"刨土的工具"的意思。"镐"是名词，照说不能用作动词，但我实在找不出方言"gào 洋芋"中的"gào"对应哪个字,暂且用这个"镐"字吧。

中国文字博大精深,要想成为一个写作者,对字的应用应如建筑师对建筑材料、画家对色彩、厨师对食材一般了解。

类似的还有种苞谷、点黄豆,这个应该是南北统一的,咱们不是有个词叫"种瓜点豆"吗?还有如果是种已经长好的小秧苗,也不叫种秧苗,而叫"下"秧子。看见农户在农田里忙,问忙啥,回答在下南瓜秧子。排、镐、点、下,把"种"说得如此花样繁多。种植,原本就是一件热闹的事儿。

我租住的房子周围人不多,左右邻舍加上自己也就三家。边上的邻居都是外婆在带外孙,少有时间和我拉家常。我的菜园就那么点,还是租用别家的。陆姐总想扩大菜园,一开始她打的是我花坛的主意。先是把空心菜叶子摘下来炒来吃,空心菜硬是被她留下来种在了门口花坛里。我看着整整齐齐的菜梗和栀子花、鸡心菊、金鱼草、绣球、月季、石竹花们一起待在花坛里。秋季多雨,九月山村里充沛的阳光、清凉的雨水和时光一起让那些空心菜梗成为一棵棵空心菜。

这是个奇迹。

一些去头去尾的菜梗长成了一棵棵独立的空心菜,它们曾经茂盛的叶子已经被油盐酱醋烹炒,但它们的梗能再次插入泥土,长出叶子。这十足的奇迹就发生在我家的花坛中,陆姐导演了这个奇迹。

我甚至觉得陆姐偏心至极,那些空心菜长得比任何一种花草还要繁茂,它们向天空尽情地伸展叶片,用这种繁茂感激陆姐的再生之恩。我也被这种生命的张力深深地打动。我给这个花坛取了个名字,叫奇迹花坛,接下来发生的事情让我啼笑皆非。

陆姐会把做饭时用不完的小葱头排进奇迹花坛,但这仅仅是一个开始,她回家休息后回来上班还专程给我带了藿香、紫苏,统统都种进了这个奇迹花坛。

据不完全统计,花坛里有了牵牛花、栀子花、绣球、微型月季、食用月季、金鱼草、毛地黄、鸡心菊、大丽菊、太阳花和石竹花等十几种花草。现在在陆姐的安排下,有了两排空心菜、一排小香葱、藿香、紫苏、马尾茴香,甚至连小白菜陆姐都会切掉上半部分的叶子和菜梗,留下一点菜梗和根茎,种入奇迹花坛。

老同学来,点名要吃香辣蟹,自己带了几根大葱。上别人家吃饭带调料,总会多带一些,做完饭,大葱剩下两根。没错,陆姐把没有用完的两根大葱种进了奇迹花坛。买回来的香菜、芹菜,全部留下根及根部的那段茎一起种进了花坛。

站在大葱、小葱、萝卜、毛地黄种在一起的奇迹花坛的一角,我脑海里有一种猪鼻子插大葱装象的画面感。

这时候奇迹花坛已经有了长势超过花花草草的空心菜、小葱、大葱、香菜、芹菜、白菜、萝卜、藿香、紫苏、金芥、蒜苗等十几种食材,而且每一种可以吃的都比可以看的长得好!

我觉得长此以往,这个奇迹花坛会变成陆姐的奇迹菜园!那些厨房料理的边角余料,她都能把它们种活了,源源不断地给厨房供应最新鲜的食材!

虽然我种花草的水平确实不怎么样,但这一花坛的花草菜蔬,我怎么看都不伦不类,我觉得再这么忍耐下去,这个"枝子的花园"民宿会成为"陆姐的菜园"民宿,于是我对陆姐开口:"陆姐,这个花坛专门种花,花和菜种在一起不好看,不伦不类的,以后种菜我们就种到菜园里去,这玉米也收了,空出一大块来,想种啥就种啥!"

陆姐满口答应,那个时候我真不知道陆姐竟然酝酿着一个伟大的工

程，一个足以震撼、感动我，甚至引起我深刻反思的大工程。

　　我们村修了一条柏油路，是在原有的3米宽的水泥公路的基础上拓宽的，拓路的时候留下了许多碎石堆在路边。现在路修好了，柏油路装上了金属护栏，护栏弯弯曲曲，宽处一米，窄处二三十厘米，下面就是陡峭的山林。那时我每周末都回松柏镇接孩子，陆姐就在那两天把护栏边上乱石带的石头都捡了，石头码得整整齐齐的，中间的地平整出来作她的菜地。

　　等我周一回来她带我去看她的大工程的时候，我内心的震撼不知道应该如何言说。这是一位多么勤劳的大姐呀！这里曾经乱石林立，不要说动手去捡这些乱石头收拾出一块小菜地了，光是想一想，我都觉得累！但这个浩大的工程，确实是陆姐用手一点点弄出来的。

　　我买了所有关于蜜蜂的图书，我喜欢蜜蜂，感觉它们是天堂来的圣者，是人间的精灵。当我从书中了解到一只蜜蜂勤劳的一生后，我就觉得我每天都在虚度。

　　我还没开始建新民宿的时候，每天也是非常忙碌的，但只有我自己知道，我所谓的忙碌，不过是找人喝茶、聊天、吃饭、喝酒。

　　我把时间安排得满满当当，在饭桌上大家侃侃而谈，感觉说了很多，可最终又好像什么都没有说。曾经我最好、最值得信赖的朋友，就因为我建民宿问了所有的人，而没有问他们，他们就与我不再来往。

　　有时我感觉到前所未有的虚空。

　　我之前租房子做的民宿的文化墙上有一个梯子，梯子的每一格上都摆了一本书，都是我喜欢的书。诺贝尔生理学或医学奖获得者卡尔·冯·弗里希的作品《蜜蜂》就摆在我文化墙的上半部分。那是对我的鼓励，原来我所热爱的自然，是人类最高荣誉研究的对象，现在是，将来永远都是，因为我们永远研究不透自然。还好神农架让我就生活在最纯粹的自然之中。

陈应松老师说，阅读伟人的作品，就是与伟人对话，而阅读有关蜜蜂的作品，就是与蜜蜂对话。这样认识的蜜蜂比我在山野田地中看到的任何一只都更深刻，那些书籍让我了解了蜜蜂，了解了它们的语言、生活及它们可贵的品质。当我们了解了蜜蜂，我们就更应该在生活中学会勤劳、互助。陆姐就有这种蜜蜂般可贵的品质。

我请陆姐来做管家时，她的工作职责只是做卫生和做饭。为了请她来，我的承诺是淡季也会留她工作。我知道我有一个更远大的计划（虽然那时候没想到会这么快建民宿，但就是冥冥之中有一种要干大事的感觉），到时候一定是需要人的，陆姐这么好的管家，我舍不得她走。

陆姐多次和我说，没有客人，她就回去。我知道她是不想成为我的

负担。没有客人的日子里,她打理菜园,这其实是她工作职责之外的事情。有客人的时候,她在做客餐之余会留下葱头、香菜头、芹菜根、空心菜梗,等收拾完手中的活计,就会见缝插针地把它们种入我的花坛。陆姐知道我的民宿是租的,菜园也是租的,她就想去拓展更多的空间。然而大山之中,抬头见山,低头见坡,地无三尺平,想要开荒何等艰难!她却硬是将山崖边的乱石带收拾了出来作菜地。

木瓜园雨后的天空时常有云彩飘过来,又飘过去,老乡们开垦的茶园在山坡上,云彩飘过来的时候,茶园就像悬在云彩中。云雾中,茶园如一幅山水画一样美丽。

陆姐常常无心欣赏我眼里的美,她的心思不在天空和远方,她和我商量,要从哪里弄点土来,我们在村里走来走去寻找土,一边走一边探讨找到了土怎样运回来。

我们看见一辆大卡车正在给一位老乡送土。和司机了解了一下才知道原来是修河堤的时候破坏了老乡的田,施工方承诺河堤修好后帮老乡重新把田整好,缺口部分从远处运土来,再用挖机挖平。我和陆姐看运来的黄土还挺好,就请司机给我们也运一车土来。司机每天从陆姐整理出菜园的地方经过,告诉我们那里绝对要一车土,于是开着一四零大卡车,给我们拖了一卡车土倒在路边。

可是,这被倾倒在路边的一大卡车土要怎样倒入陆姐整理好的小菜园里呢?这两大堆黄土里,还有许多大小不一的石头。陆姐让我别管,只管去忙我自己的事。她戴上手套捡石头,捡完石头一撮箕一撮箕地把土倒在她平整好的地上,用了两天时间。这两天,我回家接孩子,还去参加了一次读书会,一点忙也没有帮。

那时我承诺公众号文章每日更新,还有好朋友王江霞每日监督,日日打赏。无奈我这边文思枯竭,当初满腔热血想记录乡村,如今住在这里了又觉自己写不出大家风范，文章如同记流水账般索然无味；再看汪曾祺的散文，也是写萝卜、白菜、豆腐，却被他写得有滋有味。我自觉被思维的墙困住，文字到我这里仿佛巨石般沉重，我拿它们无可奈何。

等我四处寻找写作灵感回来，只剩一小堆土还没有倒完，陆姐说第二天要下雨，如果不赶紧弄完，等下了雨，黄土变成黄泥巴就不好弄了，让我搭把手。邻居让我们去借个手推车来，这样效率高点。我负责捡石头，陆姐把土倒进手推车，再倒在护栏边上，然后把土一点点往整理好的田里耙。路人看见我们劳作，走过来和我们聊了两句。有人说这是生土，不肥，要有肥料就好了。边上枫树的叶子落入我们刚刚填平的土地。

我极喜欢的一部日本纪录片《人生果实》中，主角英子很普通的一段话打动了我的心：

风吹落枯叶
枯叶滋养土壤
肥沃的土壤帮助果实
缓慢而坚定地生长

时值深秋，是阴天带有间歇小雨的天气，陆姐只穿了一件单衣和一件工作时的罩衣，满脸是汗水，身上必定是汗流浃背了。我们一起干了一个下午，才基本把路边的一堆土清理完。累，真的很累。我只是搭了把手，都觉得累极了。

陆姐是我人生重要的导师。

到乡村，租个房子搞民宿，再写出伟大的作品，这是我初入乡村的想法。

租个房子，租了，民宿也开了，唯独写作犹如巨石压顶。

那天的工作完成后，我突然释然了：不如像陆姐一样，石头一点一点地捡开就好了。大的搬不走就搬小的，每天坚持，缓慢而坚定。

那些文字，总比石头好搬吧！

陆姐没有读太多书，但她只要工作，就认真工作，竭尽全力地工作。她是一个忠心的管家，每天都想着怎样给老板节约，怎样"开疆拓土"。没有人要求她这样做，是她自己主动要这样做的，这份积极主动就是她的价值观——拿了钱就要干活，没活也要找活干。她像一只勤劳的蜜蜂。在村里的大半年，我有太多次被老乡们的勤劳质朴感动，这次我亲历陆姐造田，才知道土地得来的不易。在村庄里，放眼望去，哪一点土地又来得容易呢？土地默然无语。在高地、在森林、在平原、在湿地、在丘陵、在乡村，也在城市，土地无处不在，我们依靠土地生存。

默然无语的土地都是先辈们肩挑背扛一点点开垦出来的，一年又一年，他们用劳动滋养它，把新土种得肥沃，把生田用岁月熬炼成熟田，一年又一年，土地产出的东西滋养着我们。我突然理解那些对土地锱铢必较的老乡们为何寸土不让了。我没有土地，但在陆姐的教导下，我懂得了默然不语的土地的语言。

当乡村落寞、土地荒凉、人们已经遗忘如何劳动的时候，土地依然默然无语。那时，不能理解我的人，或许终将知道我坚守的意义。

## 我的"榜一大哥"们

我并不太想把乡村田园的生活描述得过于美好,虽然感觉一定比城市生活美好。我是一个懒惰的人,土地不会给懒惰的人回报,就连野草都会欺负懒惰的人。但我无疑是幸运的,我身边有特别勤劳的人,他们的勤劳让我这个懒惰的人羞愧,他们鞭策着我再懒也别忘记写作,毕竟对着电脑或者手机码字,比挖田还是轻松得多。

陆姐帮我造田的事,我在微信公众号上图文并茂地发了出来,收到了一份高额打赏——80元。要知道我们这些十八线不知名小作家们在微信公众号互相打赏三五块钱都是大人情了,80元,用现在流行的话讲,就是我的"榜一大哥"。

这位"榜一大哥"不是别人,正是当时木鱼镇的党委书记刘贤武先生。他曾经带客人来过我们的民宿,发现我们这样一群不务正业、搞民宿的返乡人员后,非常支持我们在乡村里做些事情。

作为木鱼镇的党委书记,最重要的事情是抓旅游。神农架林区是全国唯一一个以林区命名的行政区,也是华中地区海拔最高处所在地,被称为"华中屋脊",是地形第一阶梯向第二阶梯过渡之处,是燕山山脉与大巴山脉的余脉在漫长的岁月中经过多次板块碰撞后形成的生物避难所,是湖北西部的生态明珠,是野人的故乡,是全国著名的生态旅游目的地。而木鱼镇是全区最大的游客集散地,是国家级旅游度假区。

木鱼集镇不大,宾馆、饭店、旅社、旅游商店却一家挨着一家,木鱼镇的一切都是为旅游服务的。发展20年来,与旅游相关的建筑已经把木鱼镇塞得满满当当的,再多半个都挤不进去了。

20年,又成长起来了一代人,有人希望留在故乡发展旅游业。但人会越来越多,土地却不会扩大,怎样让旅游业态向集镇周边扩展呢?这是木鱼镇刘书记思考的问题。当他看到我们这些不愿意在集镇扎堆搞民宿的返乡创业青年时,他看到了新方向。集镇过于拥挤且无法提供新的空间,如果愿意走进乡村,打造有个性、有文化的民宿及其他业态,不但会大大减轻集镇的压力,还能推进乡村振兴。

在神农架第一个做民宿的就是木瓜园的维维。"维维的小屋"民宿主打一个花草丰茂,她种植的攀缘月季一到开花季就开成花墙,引来很多人拍照打卡。她的民宿虽然条件简陋,但客人来了自己去田里摘菜,去鸡窝捡鸡蛋,原生态的农村生活给大家返璞归真的感觉。

在刘书记眼里,如果有更多的人来乡村做民宿,就可以带动其他农户在家经营农家乐、卖农特产品、做三产服务,不但可以带动乡村发展,更是今后旅游的新方向。刘书记从我在村里租赁房屋开始,就关注我的动向,希望我能在村里留下来,把民宿做起来。

初到木瓜园,我的民宿毫无特色,唯一不同的是不论发生什么事情我都会用文字记录下来发在微信公众号上,用大家调侃我的话说,枝子是个作家,作家开的民宿一定很有意思。

很多人了解我们这些做民宿的人的想法和动向,也是通过我的微信公众号。来神农架住宿的朋友很多,有些原本选择住五星级酒店的朋友,为了支持我们,特意来乡村住一晚,再去住酒店。

刘书记看到我写的陆姐在山崖边造田的故事后，打赏了80元。微信公众号有打赏功能，平时我们一些文友会打赏三五块钱，互相支持鼓励。

一次就打赏80元的"榜一大哥"，我必须感谢一下，不会唱个曲儿跳个舞，说个"三克油"还不会吗？我给刘书记发了一条信息："刘书记，谢谢您的打赏，太多了，这太不好意思了。"

信息刚发完，我就收到了刘书记的电话。我想正是这通电话，更加坚定了我做民宿的决心。

刘书记在电话里对我说："枝子，我们真的被你和陆姐对土地的感情深深地打动了。作为一个乡镇的党委书记，我看到太多人钟情于土地无非是基于对财富的追求，我也看到木鱼镇大片的土地因人才的外流而荒废。这么多土地，我却不能给你一块，只能眼睁睁地看着你们为了一点种菜的园子付出那么多努力。几十块钱打赏算什么呢？与你们对乡村和民宿的热爱比起来，这几十块钱何足挂齿？我将尽我所能，在政策允许的情况下，努力为你成就梦想争取机会。请你一定记住，我们木鱼镇党委政府就是为你们服务的。"

刘书记的话让我想起来我曾多次向他表达希望能有一块地建自己梦想中的民宿。

刘书记为了让我留在乡村做了很多努力，比如尝试着帮我把我的户籍迁入木瓜园，再按照程序批农民宅基地，但都因不符合政策行不通。

2020年"十一"国庆节期间，神农架林区区长刘启俊先生调研神农架民宿发展，刘书记极力推荐刘区长到我租的民房来看看。

那个赁居的民房有什么好看的呢？刘书记无非是想给我一个表达诉求的机会，让刘区长知道乡村里有这样一个有梦想的人希望得到他的帮助。

刘区长很早就关注我们这些搞乡村民宿的人了,每次我写关于乡村发展的文章,刘区长都会点赞、打赏,后期我写民宿建设遇到的困难,刘区长也给我打赏,一般一次200元,妥妥地又一个"榜一大哥"。

刘区长来到民宿后,刘书记提出了一个他的设想——现在村里有一栋闲置的房子,可以租赁给枝子改造成她梦想中的民宿。

这是木鱼镇探索乡村发展的一条路径,既盘活了村里的闲置资产,又留住了人才,发展了产业。

这个想法是很好,但毕竟是村集体资产,能否租赁给我,还需要全体村代表和党员表决通过才行。

2020年11月15日,全体村代表会议和党员会议在红花坪村村委会召开。

我也应邀旁听会议。我到村里赁居两年了,有些人认识我,还是有很多人对我不熟悉。村里的王书记提出要把荒废了两年的一栋土墙房屋租赁给我搞民宿,他并没有让大家先表决,而是让大家先发表意见。

一位党员先开口:"把村里这栋废弃的老房子租赁出去做民宿,我不仅同意,而且要举双手赞成。为什么呢?因为这栋房子已经几年没有人住了,半边屋顶也拆了,再淋几年雨估计要垮。这是村集体的资产,不是个人的,没有人心疼我心疼,租赁出去就有人修缮管理,这件事我举双手赞成。"

接着一位我熟悉的村民代表发言:"这个枝子我认识,我要给大家介绍一下,人家是大学生,有文化,我们如果把这栋房子租赁给她,她把民宿搞好了还会带着我们一起发展,我同意。"

接下来发言的是一位年轻的党员代表:"可能很多人不熟悉枝子姐,和大家一样,我也对她不熟悉,但我又觉得和她很熟悉。她是一个外来户,在村通讯群里经常会发写我们木瓜园的文章。她的文章让我发现了之前没有发现的身边的美。我觉得把村里闲置的资产交给一个作家,我是放一百个心的,更何况人家还给我们交租金,虽然租金不多,但是别人愿意留下的诚意。我认为不但要租给她,还要减免她的租金。"

这时王书记发话了:"我们今天只讨论房子是否租赁给枝子做民宿,别的事情不是现在说的。"王书记真抠门,一说到减免租金,赶紧打断。王书记是村里的当家人,我们原本商议租金一年1500元,租赁30年租金一次性付清,结果律师说租赁合同一次只能签订20年,王书记觉得一下少了15000元的租金,马上涨价到2000元一年,现在听到村代表和党代表说还要减免租金,马上打断。

村集体会议全体通过把老房子租赁给我的决议后,我就请来了老吴,枝子的花园民宿就要开始建造了。

## 吊脚楼鸡窝傍上流量大 V

破烂王老吴,给我做了一个破烂吊脚楼,被我取名鸡窝。这是老吴说要送给我的豪华鸡窝,还在搭建的时候,我就期待着鸡满窝的景象,常常站在这里看。

搭建吊脚楼与建房子有很大区别,可能是因为吊脚楼比较小,所以即便只是搭了几根木头也能大致看出它的框架。框架出来后,吊脚楼便是一天一个样。

我怀疑我的审美,我承认我这个山里的80后是缺乏最基础的审美教育的,但我不怀疑老吴的审美,用他自己的话说他是个业余建筑设计师,他的主业是美术。

这个吊脚楼除了给我做鸡窝,满足我养鸡的梦想,还是主建筑的附属建筑。在老吴看来,这些附属建筑除了有养牲口、堆放杂物的功能,更重要的是它可以提升主建筑的美。

当无数村民路过这里看到我们在用旧木板搭建吊脚楼时,他们的表情,我该怎么形容呢?不知道是不是在看一个笑话。

快要入夏了,我们开始整理老房子,老房子里的厨房需要修缮,陆姐在工地考察了许久,决定把厨房搬到鸡窝。

每天有二十个工人吃饭,吃饭要两桌,有一桌就摆在鸡窝二楼。那时天已经不冷了,鸡窝二楼两面都没有遮挡,楼外就是几棵银杏树。

从这里眺望，远方是潮水河村。潮水河村的山脉从恩施州的巴东县绵延至此，与红花坪交汇。更远处，神农顶、官门山、千家坪的高山绵延起伏。山与山在此相遇，此时山是寂静的，或许亿万年前它们的相遇也曾激起过山崩石飞，地动山摇。

山与山形成了一道道山门，人虽不能越过延绵不断的山峰，人的心灵却能飞跃山门，领略大山的巍峨。

每当我从民宿眺望远山，远山都会带给我无穷的力量，即使我已经很疲乏。

在木瓜园，我总能感受到山带给我的力量。

朋友来看我，我站在鸡窝楼上眺望远方，旁边是凌乱的工地。朋友随手给我拍了一张照片，我很喜欢这张照片，便发到了朋友圈。

这张照片被免费午餐发起人、记者邓飞老师点赞、转发。邓老师转发的文案只有短短几个字，但无一不是对吊脚楼的赞美。

邓飞老师对吊脚楼美的赞美对我来说非同小可。

我回山村做民宿，缘起于陈应松老师对我的期待——你在神农架，你应该写神农架。我心中的神农架不单单在高高的神农顶上和茂密的原始森林中，它更应该在炊烟袅袅的山村里，在神农架山民的劳动里，在他们的日常生活中。我的民宿不是一个标新立异的艺术家拍拍脑袋凭空设想出来的作品，而是我和设计师一起深入神农架，从大山生活中提炼出来的建筑。

它能代表某种属于神农架的气质，虽然不能代表神农架所有的气质，但对我这个小民宿来说，足够了。

可每一个来到我们吊脚楼的村民，不是笑，就是摇头。

这是搞什么嘛？

枝子把村民们摒弃的、最土气的东西搞出来了。

有人认可，比如邓飞老师。过了几天，邓飞老师给我发信息，问我有没有新浪微博，我说有。

他说，你去看我的微博头像。我打开一看，500万粉丝博主邓飞，微博头像是我们家的吊脚楼鸡窝，边上还有我们工地伸出来的脚手架，陆姐正在做饭。

这个世界上总有一些审美、情趣相似的人愿意为美而相互奔赴。这里成了民宿客人的拍照打卡地，但遗憾的是，我没有在这里养鸡。

2023年10月，鲁迅文学院的常务副院长徐可老师来枝子的花园采风，看到我的"豪华鸡窝"，听了鸡窝和王书记的故事，诧异地问我："枝子，你为什么不养鸡？刘亮程就养鸡。"

"如果我能得鲁迅文学奖，别说养鸡了，养野人都行。养鸡吵客人休息，又脏。"

我从未忘记我的初心——来乡村做民宿是为了写作。渐行渐远的神农架文化，有些是孩童时期融入我心底的，有些是我在建民宿的过程中，与美术教授老吴在山里行走重新学习领悟到的。这种文化，是许多人看一眼便能浮上心头的乡愁。

我这里有鸡窝，有窝棚，有火塘。

还有邓飞老师，微博头像是我的鸡窝。

## 找母亲借钱

建民宿的每一天都很忙很累。建民宿的困难，也远远超出了我的想象。

我的账面上很快就没钱了。

为了建这个民宿，我卖掉了武汉的房子。不够，只能管妈妈开口，虽然她是最反对我做民宿的，而且对我用钱的方式也是反感的。她一生提倡努力挣钱、努力存钱。我呢，恰恰相反，挣钱不努力，花钱很卖力。

妈妈到退休后还在挣钱、存钱。

她刚退休就搞了一个花圈店，卖丧葬用品。

做这行很辛苦，起早贪黑不说，刚开始做花圈没有成品，绢花都是我妈妈一朵一朵折出来的。这样的生意，不分白天黑夜，只要有人购买，半夜也得开门。我们兄妹三人反对她做这个生意，觉得家里又不算过得穷，日子还算过得去，为什么一定要开店呢？

母亲继承了外公的一块宅基地，盖了栋小房子，欠了些外债。有些钱是姐姐找姐夫的亲朋好友借的，母亲说要还借款，她把房子交给我们的时候，说债她要自己还。

她起早贪黑，辛苦了好几年。很多妈妈以前的同事来找她，都穿得很精致，每每我看见就会对妈妈说："您看！多精致的老太太！"妈妈

说："如果我不开店,我也有精力这样捯饬自己,学她们去打牌、跳广场舞。"

我赶紧补充道:"这才是一个中国大妈的幸福退休生活。快点关门去捯饬自己,除了打牌、跳广场舞,还要参加买买买旅行团!快点关门!快点关门!"

她用了四五年时间还完了债。家人都不希望她做生意,但她开店好像上瘾,一直不肯放手。可是开店就意味着全年无休,哪里都去不了。对此,我第一个反对。因我带娃且单身,工作又最自由,每年过年都在妈妈家过,过年的时候是卖上坟用品的旺季,家里又要预备过年的东西,所以我就被派去看守妈妈的小店。为此,我很烦。

在我们兄妹三人的反对声中,妈妈终于关了店。

她始终爱折腾,不做生意了并没有如我们期待的那样去跳舞打牌,而是去种菜了。

回到山村开民宿
我的惬意田园生活

家里原本只有十来个平方米的小菜园,她和邻居商量后,搞了一大块地,种玉米、土豆、黄豆和各种青菜。我偶尔回家买米买面的时候,她告诉我粮食和菜统统不用买,她可以自给自足。

父亲去世后,母亲的生活更简单了,她一个人在家吃饭,要么就是一碗懒豆腐,要么就是一个杂粮饼。她有糖尿病,吃杂粮,精米精面吃得极少。她是神农架剪纸的非物质文化遗产传承人,每周在小学教孩子们剪纸,一周3—4节课,一节课80元课时费,这些课时费就是她的零花钱。

妈妈说她基本用不到什么钱,衣服有穿的,种的有粮食,每个月电费、电话费、网费合计100块钱,她最大的一笔开销就是走人家。

在我们当地,亲朋好友婚丧嫁娶去吃酒,叫走人家。走人家大致分两种情况:一种是以前自己家有事,别人来上过人情,送过礼钱,那一般都会再添一两百还回去;还有一种是不欠人情的,但关系好走动走动。走人家是她重要的社交生活。

妈妈六十岁的时候家里为她办过一次六十大寿寿宴,好几年过去了,人情还没有还完,加上前两年父亲去世,办了丧事,妈妈要还的人情就更多了。学校剪纸班的课时费只够零用,走人家肯定是不够的。

所以妈妈在家又开了一个小铺子,给人补衣服、改衣服、换拉链、扁裤腿,还绣鞋垫卖。她手艺好且收费便宜,街坊邻居都找她补衣服,还有听说她衣服补得好,专门来找她的。

我对这样琐碎且耗时的事情嗤之以鼻。我极少在家,但每每在家看到她这样辛苦半天,只换来两块、三块钱时总是劝她:"妈妈,你有这点时间,还不如出去玩一下呢!要不,你干些大事嘛!"

妈妈问我什么是她可以做的大事,我说:"搞艺术,你是非遗传承人,剪纸、绣花,都是艺术。搞高级艺术,搞大钱。"

妈妈说我好高骛远。

她说得挺对的。

我两三岁时，我们一家还住在宋洛农村。那时是计划经济时期，每个人每月要吃的米面粮油都是要按计划买的。

她安排家里吃娘家送来的猪油。我们所有人的菜油指标全部都攒起来，一年下来攒了十几斤菜油，她就用这些油炸油条卖，一根油条卖三分钱。

后来妈妈从乡里到了镇上，虽然爸爸妈妈都上班，但家里孩子多，工资供不起这么多张嘴吃饭，妈妈就在河边找人要了个地方，搭了个猪圈喂猪。

我还记得妈妈从家里挑着猪食桶带着我和姐姐走半个小时去河边喂猪的情景。有一天妈妈喂完猪后，带我和姐姐去买了几个香喷喷的小笼包子。

我为什么会对那天的小笼包子记忆犹新呢？

我们从小学到初一，从来不像别人家的孩子那么潇洒可以拿着五毛钱、一块钱去街上过早！我们一日三餐都在家吃，即使上初中了，爸妈还是会早起给我们做早餐。我们虽然生活在大山里，但我们可是生活在湖北呀，湖北的早餐太丰富了！包子、馒头、饺子、锅盔、馍、热干面、汤面、汤粉、糊汤粉、油条、面窝、糯米鸡，中学门口的早餐铺子都成了一道风景线。

妈妈却一直坚持让我们在家吃，只因划得来。我心里总是埋怨母亲的小气，所以我对她带我们去买小笼包子的事记忆犹新。

那时的小笼包子7分钱一个，现在7块钱一笼，一笼10个。

妈妈一直在挣钱、存钱，用她的话说就是以备不时之需。她辛辛苦苦攒下了几十万元，大概是知道她的小女儿不存钱，总有用钱的一天吧。

我盖这个民宿，没管自己有没有能力和财力，机会来就开干了。

母亲的唠叨总是如带刺的荆棘鞭打着我，但我有需要的时候，她还是不惜拿出老本，全力以赴地帮助我。

几十万是一大笔钱，但这些钱，在工地不怎么抗造，钢筋、砖、水泥、砂石、油漆、水电料一车一车地送来，油工、铺砖的师傅们都是外地的，干完活就要结账走人。

那时银行贷款申请不下来，没办法我只好向亲戚朋友借。初中同学、中专同学、干妈都伸出援手借给我钱，虽然没有亲妈给得多，但也解了我的燃眉之急。

除此之外，有偿借给我钱的还有花呗、微粒贷、招行工行信用卡。虽说要付利息，但它们的信任真的令我感动，所以每当别人问我干民宿有没有合伙人时，我说有啊——马云、马化腾。

他们都不认识我，就给我借钱呀！

银行始终不愿意借钱给我，因为我的民宿是农村集体所有，不具备流通和抵押条件。我申请的50万元的贷款，我妈想给我做担保，但她已经退休，且过了60岁，已经没有了担保的资格。

民宿开始运营后，忙的时候或有重要的客人来时，我都会让母亲参与接待。她就是我最大的担保。以前我总觉得母亲是我最大的牵绊，当我开始经营一家文化民宿后，我才发现我的宝藏母亲是我最大的担保和靠山。

## 神农书屋、茅老师三姐妹和王双华

认识茅老师,我得好好感谢我的好友兼旅行社老板吴海玲女士。那是三年前神农架一个凉爽的夏夜,我接到吴总电话,她委托我一件重要的事。屋里信号不好,我走出房子来到空旷的山野接电话。山在夜色中显得深沉且更厚重,星星在遥远的夜空中闪烁,如同宝石。

吴总委托给我的重要的事是她事业上的导师、生活中的干妈茅老师夫妇要到神农架避暑。本来吴总是要陪着他们一起来的，茅老师体谅她工作忙，不让她陪，她思来想去觉得我在神农架可以帮她照顾茅老师，就把茅老师在神农架的避暑生活委托我照顾。

我和茅老师联系后得知茅老师和先生两人在神农架避暑，住在海拔1500米的阿尔卡迪亚度假公寓，那里气候凉爽、风景宜人，他们的生活被在那里买房的家人们安排得妥妥当当的。吴总无非是觉得让老人家出门自己没有陪在身边心里不安，找我讨一个心安罢了。

茅老师到我们村来玩的时候，正是民宿的建设期，茅老师带着先生和一起在度假公寓住的几位朋友来我们的民宿看望我们。除了茅老师夫妇，同行的还有和大姐姐一样的王双华，茅老师让我叫她王姨。

那时的民宿就是一个大工地，他们来我们这里，我们连餐饭都没有时间给他们做。我也不知道哪里来的勇气，就带着他们看了我觉得非常可爱的"歪门邪道"的乡村图书馆，畅想了未来带着孩子们在村里读书的画面，讲了带着游客在乡村采茶、制茶、品茶的场景。王姨问我："枝子，你做这些事最大的困难是什么呢？"

我脱口而出："最大的困难是贷不来钱。"

大工程资金困难，如何熬过去呢？这个问题如同我拿着小刀要去砍伐一棵百年大树一般。关于资金困难的问题，即使是第一次见面的茅老师和她带来的朋友，我也没有遮掩，几乎是见到有人关心就说。事后我对这件事还是很后悔的。

王姨回家后，用我的手机号码找到了我的支付宝号码，给我转了5000元，备注"支持枝子的花园乡村图书馆建设"。

王姨说她被村里的孩子在枝子的花园阅读的美好画面打动。推动梦想需要钱，5000元对一个图书馆来说是杯水车薪，但是她的一份心意，我做了她年轻时候想做却不敢做的事，现在她年纪大了，折腾不起了，我在帮她实现梦想。不久王姨又在资金借贷上帮助我。

2022年"十一"国庆节期间，王姨带她侄女来吃饭，我特意撤走了所有的收付款码。王姨饭后留下一个沉甸甸的信封，指定支持我们的图书馆。我打开，又是支持我们图书馆建设的5000元现金。

回家后，王姨的侄女反复和王姨说想着出门大多数时候用不到现金，就只带了5000元现金，结果回家就后悔给少了。

2023年，福建少年儿童出版社的林老师住我们家民宿，看到我们的图书馆就询问经常到我们图书馆看书的孩子一般看什么书。

最开始,我想村民朋友们都应该来看书,但村里爱看书的朋友不多。后来我期待孩子们来看书,从我们经常举办的活动来看,小学生和学龄前儿童来得多。我去过几个初中生家走访,邀请他们来参加我们的读书会,可是周末他们都忙着写作业,平时晚上上完晚自习,回家就要就寝了,所以来参加我们读书会的主要是学龄前儿童,还有七八个上小学的孩子。但无论是一个孩子来,还是一群孩子来,我都会想到王姨、茅老师和茅老师的家人,还有和林老师一样给我们的图书馆助力、捐书的朋友们。

民宿建成后,我经常在民宿里眺望远山。神农架的天空蓝得不像话,蓝天之下雄伟的山仿佛在对我说,山的高远与人无私的爱比起来不算什么。

## Compilation 4

辑四　泥土的格调

## 这是关牛还是关羊?

民宿是建立在建筑的基础上的。我们建筑的基础便是神农架原始的山野文化。

在我们做民宿之前,就有很多标新立异的"猪圈咖啡""牛棚酒馆""马厩民宿"等用猪圈、牛棚、马厩改造的文艺空间,这些咖啡馆、酒馆大多是民宿的配套。

要说用牲口棚配民宿,我想再没有谁配得比我们家更彻底了,以至于我们用原本就是从牲口棚拆下来的木料搭垛壁子牲口棚的那天,恨不得全村的人都过来看笑话。

在山区农村,大家讲究凡事要讨个好彩头,也要留心给别人好彩头。可能是风把我们家要用从垛壁子上拆下来的破烂木头再搭一个垛壁子的消息传遍了木瓜园,那几天垛壁子工地围满了看热闹的村民,一天比一天多,快要完工的时候,一个老者对我说:"枝子,你这个垛壁子养猪,猪起码要长400斤,我看这个场子喂猪可以!"

围观的村民哄然大笑,我还没明白他说的是什么意思,就回了一句:"我不养猪。"

很快就有人赶紧接话:"这个场子好,关牛也好,可以关大腱子牛。这个场子关猪、关牛、关羊子都不害病。"

我像一头牛一样犟着说:"我不养猪,也不养牛,羊子嘛,可以放两只，鸡子要养一窝。"

又有人接话："这个场子关羊子好，关羊子好。"大家哄然大笑，笑得我莫名其妙。

陆姐赶紧回话："感谢你们的建言！好场子六畜兴旺！"我彻底懵圈了："我这里是民宿，不是养牲口的！"

村里的长者说好多年没有看到过我这么正宗的垛壁子了，比真正的垛壁子还要垛壁子："这才是我们小时候看老人关牛、关羊子的正宗垛壁子。"

我们的"仿古"很成功。成功的关键是我们的用料。

从神农坛村收回来的一堆木料是以前用来建牲口棚和杂物间的。岁月和牲口已经把树皮完全磨平了，树干的肌理一览无遗。它们与一代又一代猪牛羊相处了几十年了。它们今天还能保持坚硬，是因为它们在建筑里阳光晒得到，风吹得到，但雨淋不到。如果木头淋雨又风吹日

晒，用不了几年就会朽坏。有一句谚语叫"干千年，湿千年，不干不湿两三年"，说的就是这个道理。

垛壁子的每根木料，都是我在那位农户大嫂家根据大小按照20元、15元、10元、5元四个等级严格筛选，一根根抚摸过，挑回来的最坚固的老料。老吴埋怨那个大嫂不太地道，别处老材料都是估堆卖的，一堆多少钱，她是一根一根卖的，太贵了。那个大嫂说如果这些材料她不卖就当柴火烧了。神农架政府严格保护森林，村里人除了冬季到村里批手续可以定量砍柴外，根本弄不到柴。

岁月把不再与树根、树叶、生命相连的木料沉淀出深棕色，与时光一同染色的还有阳光和风，它们让木料从棕色里小心翼翼地透出灰色，仿佛一个渐渐老去的人乍看头发是黑的，细看黑发下居然藏了一根又一根"居心叵测"的白发。即便它灰得再小心，也在不着痕迹地削弱木棕色，木棕色里泛着灰白，木头上刻满了岁月。

每根木头上都多多少少分布着大大小小的虫眼，虫早已不见踪影，窟窿眼儿还有虫在木头里大快朵颐的痕迹，早已和木料融为一体。奇怪的是这些虫眼非但没让我觉得木料不扎实，反而让我觉得它们更坚固了。当它们不再是一棵树的一部分，当它们被当作材料使用的时候，虫眼反成了岁月给它们的坚固的冠冕。它们不是栋梁，甚至不是主干，有的长的就是弯曲的，有的是因风吹日晒而弯曲开裂的，单单看一眼，仿佛就看见了百年的光照、风霜、虫蛀、冰蚀。

我常常和老吴一起嘲笑很多景区的仿古建筑——全新的建材、雕栏画栋、飞檐斗拱，"古"得很突兀，很做作，反而没有"古"的感觉。

我们做民宿的时候，隔壁已经有国有公司改造好的老房子民宿，他们的设计师也使用了"垛壁子"建筑元素，但他们用的是整整齐齐的木头，刮上整齐的黄土腻子，整齐得像机器流水线上生产出来的标准产品，没有山野的粗犷、森林的动力和原住民的力量。

当老吴遇见这些已经在垛壁子上"工作"了几十年甚至上百年，又因盖新房"下岗"了七八年的老旧木料时，他就爱上了破烂。虽然别人开价20元一根，他还是一边吐槽卖木料的大嫂不地道，一边欢天喜地地收了回来。

老吴做设计，功能放在后面，画面放在前面，正如我的榜一大哥之一刘启俊，在我们的民宿即将竣工，看到我们的垛壁子招牌和完全没有改变结构的土墙屋时说的："枝子的花园有意思，它的设计师是一个画家，它的业主是一个作家，它是画家和作家共同创作的一个民宿，所以它不单是一个民宿，还是一个画面感很强的故事。"

每每和客人讲起我们的招牌墙，我都会从神农氏在神农架搭架采药，教山民稼穑，带山民不再住山洞，用神农架最多的建材——木头搭建房屋开始讲起，是讲民宿的故事，更是讲神农架人的故事。

我们建民宿，有几大难：一是运输难。山高路远不说，几个地方弯急坡陡，大车很难上来。

二是工匠难找。比如木工，我们希望做榫卯结构，可惜现在的工具实在先进，没有什么是气枪和钉子解决不了的。老吴说我们的木匠大多是钉子木匠。有的师傅一听要穿榫，直接摇头，干不了。听着老吴不着边际的指挥，有脾气犟的工人和老吴直接在工地上吵起来，那都是家常便饭。

三是建材难找。老吴对神农架建筑的理解，就是对神农架文化的理解，在这一点上我和他的观念一致。任何工人对我们的文化建筑表示质疑时，我都是坚定地站在老吴这边。为了找老旧建材，我们的设计师、大学美术教授老吴被我们戏称为"破烂王"，为了这个绰号，他还差点打我。

最大的困难是资金紧张。我曾经天真地以为有钱就能解决所有的问题，但到运营民宿的时候，我才知道钱只是我最大的压力，而不是最大的困难。

我常常对老吴抱怨困难太多，他对我说："当然难呀，如果是一件简单的事情，人人都能去做，那我们做它的意义又是什么呢？"

老吴毒舌且固执，尤爱喝酒，一喝酒就嘲笑我无能，管不住工人，收不回旧木料，甚至说我不会穿衣打扮、找不到男朋友这些有的没的，搞得我都想打他。

他从设计到施工的要求，神农架所有的工匠之前从未遇到过。他与工人争执，与我争执，吵不赢了就骂人，但他从未表达过退缩，反而是我的压力大到无法排解时，他给我加油鼓劲：了不起的枝子，当然要做了不起的民宿。

如果你返乡创业，盖的房子和其他人一模一样，那你返乡的意义何在？

我就这样被他拉扯着前行。我们民宿的建筑、装饰和我们的生活，与时代的洪流显得有些格格不入，我们的想法好像就是一部缓缓倒着放映的山村时代影片，一砖一瓦，一草一木，都在讲述这片土地上百年前的人们是怎样靠山吃山与自然共生的。

曾以取笑我无能为乐的老吴都表扬我：枝子看项目的审美在提高，超越了很多人。老吴记得在大九湖看到的垛壁子牲口棚，垛壁子何止牲口棚、堆放杂物的木楼，就连人也住过垛壁子屋。火塘的烟无孔不入，日积月累的烟火让原本就不透光亮的木屋黑黢黢的，但于我，那是老家老屋的味道，是亲切的味道。所以那些格格不入的现实与我们毫无关系，我们的民宿让时光倒流，还原了垛壁子和吊脚楼。

有一天，我读到了荣格的一段话："根植于无意识深处的创作冲动

和激情,是某种与艺术家个人的命运和幸福相敌对的东西,它践踏一切个人欲望,无情地奴役艺术家去完成自己的作品,甚至不惜牺牲其健康和平凡的幸福。"

读到这段话时,我理解了老吴这个家伙,一个东北画家,背井离乡来到神农架搞建筑设计,在工地和工人吵架,休息的时候和老板吵架,和平不属于他。一个不凡的作品,让老吴和枝子的合作生不如死,见面就干架。

我们的工程从冬季开工,经过新年短暂的休息后,我和老吴如升级打怪一般,联手克服了一个又一个困难,从冬季与白菜一起扛冻扛到春暖花开,无视质疑和嘲讽,把我们在神农架看到的建筑、文化、风俗一股脑地往这个民宿装。

# 倒给200块钱，我也不住土墙屋

我隔壁有一家由国有企业用土墙屋改造好的民宿——苔痕溪舍，是神农架乡村民宿的典范。这个民宿被改造得中规中矩，说不上有多优秀，但还是比过去的土墙屋先进了很多。屋子用黄泥色的腻子刮得整整齐齐，墙上有装饰画，还有大气、干净的床品，纯木结构的家具，有抽水马桶的洗手间，都在和曾经的破土墙屋挥手告别。

老土墙有一万个优点。我们家土墙有40厘米厚，冬暖夏凉。关于土墙屋的优点，报纸、杂志和网络的相关报道无数。住土墙屋的人长寿，或许是住在泥土房子里更接地气吧。但无论我们说土墙有多少好处，土墙屋并不是越来越多了，而是越来越少了。

民宿建到后期，做园林的宋大哥来看我们木瓜园民宿集群的伙伴们，吃完饭宋大哥要回宜昌去，我们几个女民宿主留他，他说这里没啥玩的。苔痕溪舍的王总说如果宋大哥不走，就在这山郊野外想办法给他凑一桌麻将，好打发这山里冷清的漫漫长夜。

宋大哥有麻将瘾，果然同意，于是四处找牌搭子凑人。除了宋大哥和苔痕溪舍的王总，又叫来了修路的梅老板，最后三缺一喊来了不会打麻将的徐玉寒。她妹妹嫁到村里，但她每次到村里都是住我家。

我是坚决不打麻将的，但为了感激宋大哥这么老远来看我们，还要等玉寒打完麻将和我一起回家，于是和三五好友围坐观战了一会儿。我们聊着天,话题从麻将到花草、民宿。深山里的夜过于安静,三五人的欢谈放在这里也难打破它的安静,麻将的吵闹声给村庄带来了一些热闹,苔痕溪舍营业后生意并不是很好,它太需要这种热闹了。

苔痕溪舍的王总天然有一种营造热闹的本领,堂堂国企分公司总经理,见着生意先是巴巴地留人打麻将,然后四处打电话找麻将搭子,又是端茶又是奉水。作为国企在乡村做的首家民宿,赚多少钱是小事,人气一定要做起来,给乡村增加人气,给后来者信心。

麻将台子是支起来了,王总又拉住宿的生意,先是说动了我和玉寒。我们是邻居,虽然我们看过他们家民宿许多次,屋里屋外、洗手间、厨房和烤火房都看过,但我一次也没有在这里住过,也想体验一下住在土墙屋改造的民宿中是什么感觉。说动了我和玉寒,王总又劝梅老板在这里住。哪知梅老板怎么都不答应,无论王总如何劝说——宋老板好不容易来木瓜园一趟,枝子也在,玉寒也在,还是承诺房价几近免单和请客吃饭。

梅老板是最支持我们几个民宿业主工作的人,他在这里做了最大的工程项目。木鱼镇管工程的几个负责人不止一次地跟梅老板说,木瓜园是因为有人发展民宿才有的道路建设工程,要对几位做民宿的业主好一点。我们平时要帮忙,缺了工程上的东西,找梅老板开口,他都是有求必应,逢年过节只要他在木瓜园,还会请我们几个民宿主一起吃个饭联络感情。照说王总这么点请求他不应该拒绝,今天怎么就这么扫兴呢?

王总虽然煽动不成功,但还是成功地把我们几个人的焦点都放在了梅老板身上。我们几个民宿女老板的眼睛都齐刷刷地盯着梅老板。据木瓜园传言,这几个做民宿的女人,一个人一只眼都能吓跑一只狼,可梅老板面对我们的眼光从容不迫。他一边摸起一张麻将子,用新子轻轻地把牌阵最右边的子推出去,一边说:"我是个农村人,在老房子里出生,

辑四 泥土的格调 139

我老家的土墙到现在还没有拆，那是我爸妈住的房子，现在我无论怎么请他们都请不出来，要不然我早就把土墙拆了！我这半辈子努力好不容易盖了一栋新房子，实现了我的目标——这辈子再也不住土墙屋！你今天莫说叫我出200块钱住你的土墙屋，你就是倒给我200块钱，我也不住土墙屋！"

梅老板说这段话的时候，语气轻轻的，却像一记重锤锤在我的心上。我现在接手了一栋老宅，正在把它改造成乡村民宿。我心里给自己无数的解释——梅老板是做工程的老板，没文化、没品位，他怎么会欣赏土墙屋呢？他审美不行嘛！

带着这样自欺欺人的想法，我和玉寒走进房间准备睡觉。这个房子我们参观过无数次，也无数次感受到这个房间的好：夏季没有空调，但墙体的厚度隔绝外界的热度，一进屋就能感受到丝丝凉意；冬季房间即使不开暖气也能有土地的温暖。多好的房子啊！

但梅老板是出生在土墙房子里的人呀！一个人，怎么会对养育自己的房屋有这么大的敌意呢？

那晚我在隔壁苔痕溪舍认真地睡了一觉。这种认真是我的感受，这个房间与睡眠之间的关系，是建筑与生活舒适度的关系。我的老房子还是一片杂乱的工地，但隔壁我来过太多次了，在这里吃饭，在这里午休，在我没有听到梅老板说"倒给我200块钱我也不住土墙屋"的话之前，我从未考虑过建筑与生活、睡眠的关系。

尽管梅老板不喜欢住土墙房，但不得不说土墙房子里太好睡觉了。土墙厚，采光仅靠两扇窗，窗户一关，灯一关，房间里只剩下黑暗与安静。我刚躺上床，黑暗和安静就迫不及待地把我扯进深邃的梦境，全然不顾同屋的玉寒还沉浸在第一次打麻将牌还有些小得意的兴奋中。

等我早上精神抖擞地起来，玉寒还在睡。我不敢开灯，虽说天已大

亮，但在老房子的昏暗中感受不到新的一天来了，那种昏暗不是普通房子拉上遮光帘的黑暗，而是一种如人入暮年的昏沉，丝毫感受不到是早晨，而像是太阳沉入后山夜即将吞噬一天的昏沉之暗。

在那个寻不到清晨的清晨，我突然明白了梅老板说的"这辈子再也不住土墙屋"的决绝。

我回去把它当成一个笑话讲给老吴听，老吴说："我向你保证，你家的土墙房子不会有这样的问题。"

老吴的意思是隔壁的民宿虽然在文化上认可了老房子，在改造上也考虑到了方便性，例如室内有带淋浴的洗手间，但没有考虑采光问题。而木瓜园最大的优点是室外开阔的山景。老吴说："我在设计你的房子时绞尽脑汁地想怎样让建筑与自然发生关系，但他们的改造反而是一直在封闭房间。如果是我改造，我要么做大阳台，要么开大窗采光，但他们反而在二层与室外的连接上做了一个低矮遮光的走廊，进一步把自然与房间越隔越远，再加上老墙本身的厚度让小窗采光有限，你就会觉得光线浑浊。"

最近在读乔叶老师的《宝水》，这部获得茅盾文学奖的文学作品讲的就是乡村民宿。故事的开始，主人公因失去亲人一直难以入眠。失去亲人和失眠的痛苦困扰着她，她便想去寻一个安静的村庄。做民宿的朋友请她去管民宿，她说去看看，就因为在那里睡着了她就决定留下了。

乔叶老师没有介绍那个使故事主人公顺利入睡且让她顺利走进农村的房屋是土墙屋、砖混屋，还是什么结构，姑且推断是土墙屋吧。土墙屋就是好睡觉，安静、隔音、隔光。土墙可以隔绝繁杂的声音、闪烁的光影，在土墙屋睡觉可真舒服！我已经在改造的老屋里住了三年了，一扇窗迎进四季的阳光，拉上窗帘，我可以在一天的任何时段进入深度睡眠。

## 这板子，给我烧我都不要

在我们的建筑中还有神农架开始筑路后受宜昌、重庆影响建设的板壁屋。神农架从二十世纪七十年代开始劈山开路，大量的筑路工人在荒山野岭生活。工程队大多就地取材，再加上油锯、板锯、台锯这些工具进入神农架，大家就把木头改成一块块薄板搭建房屋。后来不单是筑路工程队，指挥部、职能单位都用板子搭简易棚，屋顶使用油毛毡。到209国道贯穿神农架，选定松柏镇为区政府所在地时，松柏镇才开始使用石头建房子。

老吴把宽的、厚的木料单独挑出来，一部分挨着垛壁子做了房屋的防护栏，鸡窝和防护栏清清楚楚地把神农架大开发时使用的板壁屋结构展示出来了。

我们从收来的老旧建材里扒拉出好板子，细长的全部做屋顶的椽子。老吴坚持要在椽子上铺老旧的小瓦，我们便四处去寻小瓦。现在有了机瓦，比小瓦坚固耐用，已经没有人用土窑烧小瓦了，我们所需要的小瓦只能去拆了老房子的人家去找。我好不容易打听到哪里在拆小瓦老宅，等我们找过去才发现追求高效的现代风还是不可阻挡地吹进了神农架。挖机、铲车只需一推，一栋老宅便可瞬间倒塌，再用铲车把建筑材料铲走就行了。随着老宅的轰然倒塌，小瓦会和老黄土墙一起成为碎块和建筑垃圾。

很少有人会一块一块小心翼翼地把屋顶的瓦拿下来，用心保存了。

直到我们的建筑都做好了，只差封顶了，我一个人还在按照老吴的要求到处找瓦，我甚至不甘心地跑到瓦厂反复地看新瓦，确实自己都无法接受流水线的新瓦，所以也没再和老吴犟，乖乖去寻。

东奔西走，最后在龙降坪找到了一堆旧瓦。我翻开一块，好几条千足虫、西瓜虫惊慌失措地四处逃窜，白色蜘蛛的卵袋密布在瓦拱起的内里，不经意地一翻，仿佛翻开了一个远古的世界。

和老吴拍照、视频沟通，我们要的就是这些旧瓦了，叫来小货车。我们本地的货车司机一般都不帮忙搬运，老瓦的主人说一堆瓦也卖不到五百块钱，也不帮我搬运，我强忍着对千足虫、西瓜虫、蜘蛛和喜爱在瓦砾里安家的虫子的恐惧，一块块把瓦搬上车。

板壁屋终得小瓦封顶。至此，老吴把神农架的建筑形式都融入了民宿——垛壁子、板壁屋、石头墙、砖混。除此以外，我们的住宿区用的是轻钢构加落地玻璃。这种手法和结构像极了欧盟的纸币——从5欧元到500欧元的面值，把欧盟从5世纪到21世纪的建筑风格展示了出来。欧洲人说建筑是石头的史书，是凝固的音乐。

工匠们用这些小瓦的时候，无不在提醒我——这些收来的旧瓦，搬来搬去，损耗很大。这些瓦的年龄每片都大过我，平日风吹雨淋日晒，易破损。我这样用小瓦，房子每年都容易漏水，需要捡瓦，就是重新铺设一遍，把自然损耗的瓦摘出来，再补瓦上去。且不说费工耗财，单单就说这小瓦难寻，以后如何维护呢？老吴坚持要用小瓦，在审美上，我都选择坚定地支持老吴。

我们的建筑雏形出来后，常有人到我们这里来参观，关注乡村振兴的领导们也爱来看。我干过导游，就把对民宿建筑的介绍编成了导游词，把已初具雏形的民宿向访客细细道来。这些注入了神农架本土元素

的民居，再加上解说介绍，似乎在用它们的沉默将这片土地上的百年变迁缓缓道来。越来越多准备在神农架做民宿的人，都会先到我们的民宿来看看。

红坪镇带队，红坪镇的八个自然村的村书记带着本村的经营户们来到我们的民宿。

神农架的森林孕育了无数神奇动植物，因野人出没的传说被誉为神奇、神秘之地。山谷在地壳运动和冰川运动中被切出深深的沟壑。神农架的人们千百年来逍遥自在地生活在高山深谷之中，向高山、森林讨要生活所需。生态保护和旅游开发逐渐改变了本地人的生活方式，百年传承的建筑也在万木林立的森林中与我们渐行渐远。本地人大多经营农家乐与小宾馆，但随着游客对住宿要求的提高，本地的小宾馆逐渐朝民宿方向发展，但怎么做才算是民宿呢？很多领导在看了我们独具特色的民宿，听了我的介绍后，纷纷让想提档升级的农家乐的经营业主来我们的民宿参观学习。

神农架红坪镇的民宿业主在经营农家乐、小宾馆方面其实已经有了二十多年的经验。业主大多数是退耕还林的农民，他们吃神农架旅游最早的红利，是先富起来的一批人。现在有很大一批人开始对自家的农家乐提档升级了。每每我行车经过红坪镇，总会看到用钢筋水泥柱在建筑外模仿古树做的框架，或用木艺根雕做的豪华装饰。大家对森林、对"木"的认可使得大家凭借自己的认知在木头上做文章，但无论是水泥钢筋的仿木，还是豪华的木艺根雕，都让我觉得它们与神农架高山森林的环境有些格格不入。我走访过一两户宾馆，觉得大家的改造重心还是放在"豪华"上，也有些人跟随潮流，把农家乐、小宾馆的名字改成民宿，但实际上虽是"宿"，但"民"的部分并不存在。神农架的旅游业不但是我们的支柱产业，更是木鱼镇、红坪镇、大九湖镇和下谷坪土家族乡的民生产业，各地党委政府非常关注，经常带旅游业主外出学习。

我在做民宿建筑的过程中，与老吴走村串乡学习本地的建筑，在经典中看神农架的山水自然。对于民宿，我的观点是神农架人需要有属于我们的文化自信。

我的民宿建筑就是用这种本地的、原生态的文化自信搭建起来的，所以我在讲解时总把神农架的名字与我们传统建筑的关系，几代神农架人生存状态与建筑的关系，以及神农架这么多年所有的建筑形式结合起来，让大家对我们的"复古"赞不绝口。

或许是对熟悉的返璞归真建筑的共鸣，大家看到有些部分，就七嘴八舌地开始讨论了。一位农家乐老板看我们用被烟熏火燎的老木板作装饰材料，啧啧感叹地说："这个板子，给我烧我都不要。"

边上同行的人还嘴也是快:"那是,你家倒是都用的新板子、好板子,怎么镇上没组织大家去你家学习呢?"

说完大家哗然大笑,我也随大家一起笑了。不知道我一厢情愿的本地文化自信的种子有没有播撒出去,但我知道每当我们说起"神农架的原始洪荒"时,指的不只是那些十几亿年形成的地质结构和几百万年生生不息的原始森林,还有千百年来人与自然生死相依的生活记录,它们记录在这些给别人烧都不要的板子上。

时代的洪流无情地淹没了历史留给我们的老宅、刀耕火种的劳作方式和烟熏火燎的生活气息。我们用这样的方式保留它们,记录它们,它们不应该被遗忘。

## 乡村图书馆
——你是个作家

用设计师老吴的话说，我们的房子是怎么建起来的我都是晕晕乎乎的，建房子的时候我每天就是按照老吴的要求找建材、找工人，同时努力借钱。

借钱让我很长时间都陷入深深的焦虑和自卑之中。因为贫穷，我可能是神农架最卑微的一个创业者。我走进银行、担保公司，恨不得卑躬屈膝，无论是见到年龄大的人，还是刚毕业二十出头的小丫头，称呼全部是颤颤巍巍、诚惶诚恐的"您"，神农架方言会在"您"字后带一个儿化音，读"俩儿"。

每当我回到民宿，看到已经成形的垛壁子、板壁屋、吊脚楼和用谷仓改建的乡村图书馆时，又觉得自己拥有的是那么丰富，那么独特——整整一层楼八九十平方米的图书馆，里面装满了书，我还有一个大的花园露台和七八个花坛。对于一个有图书馆的花园民宿来说，我经常借古罗马哲学家西塞罗的话鼓励自己——如果你拥有一间书房和一个花园，你便拥有所需要的一切了。

直到现在我才明白哲学家口中的"所需要的一切"，世界上的一切卑微和富足，一切冒险与安逸，一切高尚与卑鄙都在我的心中与我的民宿建设随行。一切美好与荒芜如同白昼和黑夜在我心中交替，能让我坚

持创造美好的,是始终在精神上为我打榜的榜一大哥们和支持我的家人朋友们,还有后来无数为情怀买单的客人们。

  谷仓改造的图书馆的藏书阁用的都是很大的木制板。或许是因为它们都是用来放书的,所以我看它们都那么好看,不放书也好看。老吴每次提到这个图书馆的时候都要反复地强调——你是一个作家。之所以在这个民宿建一个图书馆,是因为枝子你是一个作家。

  可我已经太久太久没有写作了。自从我开始建这个民宿,越是工程接近尾声,我越是焦虑。当我想用写作来缓解我的焦虑时,我发现那些美好的句子很难从我的内心生发出来了。

  我们建民宿也没有做过什么特别系统的计划,就是老吴拿了个设计图,说投资不到一百万可以完工就开始了。当投资超出我的承受范围之后我便开始焦虑,2020年下半年,虽然我失去了欧洲领队的工作没有固定收入，但我还是在一段时间做了日均2000字的日更，因为我到乡村做民宿的首要目的是记录乡村。放到今天，我都不敢相信一些美好的句子是我写的，那时我真的像生活在乡野的闲云野鹤一般。

建这个民宿后我还是坚持写了一些文章。从每日写一篇微信公众号文章到每周一篇，最后成了每月一篇，仿佛在告诉朋友圈的人，创业如此艰难，我在坚持。

在民宿运营了两年开始写这本书的时候，我把民宿建设时期的文字又拿出来读了一遍，糟糕透顶，文字间絮絮叨叨的诉苦，求同情安慰，每有一点小成绩便迫不及待地炫耀，令我汗颜。那些抱着博同情的目的写下的文字，还不如拿着打狗棒去要饭的乞丐吆喝得精彩。

我们的图书馆在土墙老宅的二楼。山区潮湿多雨，一楼特别潮。做工程的时候我把一本书放在临时厨房兼饭厅，这个房间里面有一个日夜不熄火的铁炉子，一个月后我再去看那本书，那本书已经霉烂发黑。

老房子最好的地方是二楼，温暖、干燥。

山里的人把最好的地方拿来放粮食、物资和生产工具，自己却住在昏暗潮湿的一楼。在原始的村庄，人对物的珍惜超过了对自己的爱惜。反过来说，正是要爱惜那些粮食和生产物资，人才得以生存。

本地工人也无数次提醒我们土墙吸潮，一楼潮湿，那本放了一个月便霉烂发黑的书就证明了这一点。但当老吴提出把二楼做成一个图书馆，一楼的房间留给主人和服务人员住的时候，我没有反对。

书，当然要放在最好的地方呀！

枝子是一个作家，当凝聚她心血的民宿建成之后，她应该拿起笔把这个过程记录下来。

# 神农书屋和茅氏三姐妹

建民宿创业后我没有闲着。建房子的时候无数人给我加油打气说:"只要房子盖好了就好了。"

等房子盖好了就等着软装落地时他们说:"等开业就好了。"

等开业了他们又说:"等客人来了就好了。"

客人来了的忙碌和怕接待不好的焦虑天天跟随着我。我是民宿有客人光顾焦虑,没客人光顾更焦虑。但在神农架这样的旅游区做民宿,最大的幸运大概是有大片大片的茶园和随着高山森林起伏的几百亩抛荒的野茶园。

寒冬过去,等待阳光和煦,当暖风轻抚茶园呼唤春季茶的芽头一个接着一个出来感受阳光和雨露时,农人的喜悦和阳光一起温暖着生活。农人的生活就是无数辛劳中还夹杂着收获的甜。守护茶园也是守护一片甜美。

与我制茶追求茶的香甜不同,木瓜园的茶农喜欢喝苦涩的大叶绿茶,等我走进茶园采茶才明白,原来这样的茶才真的解渴、提神。而我写作一会儿要泡壶好茶放松心情,一会儿要看下经典找灵感,等灵感来袭,哎呀,茶喝多了要上厕所!一天下来茶水、糕点糟蹋不少,却没写几个字。等与农人一起合作我才发现,干活这件事不是等你身心准备好才开始,而是说干就干,干就完了。

别看采茶这么简单粗暴的事情，真的好治愈！

因为有了一小片茶园，因为创业需要资金，所以在春季我也会加入采茶大军，白天采茶，晚上制茶。

让我完全没有想到的是，我所有的焦虑，居然是采茶制茶给我治好的。

当我为解锁了人生的一项新技能——采茶而开心雀跃，并配图发朋友圈的时候，我接到了茅老师的电话，她要和我讲两件事。

茅老师打来电话那天是一个阳光明媚的日子，虽是傍晚，但风是暖的，太阳也已经下山，但因暖风，我觉得阳光与我相距不远。

那个春天在我日日采茶制茶的忙碌中要缓缓行至夏日了，满山的野樱花、桃花、李子花早已凋谢并在温暖的春风里结出果实。低海拔的兴山县嫩红的薄皮樱桃已经上市，带着只有春天才有的鲜美酸甜。人工培育出的复瓣晚樱在海拔1200米的木鱼镇还肆无忌惮地对着阳光大朵地恣意释放春天的粉色，风一吹，空气中满是粉色花瓣。我的车上整整两蛇皮口袋里全部是白天和采茶工人一片一片采摘下来的茶叶。

茅老师给我讲了她二姐的故事。

茅老师的二姐叫茅靖，年轻的时候下放到黄石。她一生没有别的追求，唯独爱读书。从下放时候的几块钱工资，到回武汉后一个月20块钱工资，除了留下吃饭的钱，其他的钱她全部买了书。

因为热爱阅读到痴迷的程度，她的生活中除了阅读和工作，好像就没有什么特别重要的事情，于是个人问题就一拖再拖。直到现在她仍孑然一身，但她的精神世界极其丰富。

二姐茅靖快七十岁了，从华师退休后和茅老师一起去全球旅行，阅读、旅行时一个人也悠然自得。前两年她查出了癌症，虽然现在治疗效果不错，但她也不得不为自己满屋子的图书打算。上次姐妹两人见面，她听茅老师讲了枝子的花园和图书馆的故事后，就决定把她一生收藏的图书全部捐给我们的图书馆。

茅老师说每次都想带二姐到神农架，但还是怕她的身体受不了长途乘车。她看到我在朋友圈里晒的每天采茶制茶的过程，想让我为她们全家做一个采茶制茶的茶旅行程，如果二姐茅靖身体和精神状态好，就带她来。

第二件事就是让我做15斤绿茶。

我这才想起来我每天在劳动中自得其乐，还没有开始卖茶呢。但这一开始劳动，就算没有客人，生意不就上门了？所以焦虑干什么，只管干就完了。

2023年秋季，茅老师带着自己的亲朋好友到枝子的花园采茶制茶。茅老师的书打包了好几大箱子。等我把茅靖老师的书一本本翻开，发现全部都是中外文学经典。

有的书年代太久，封皮破损的地方茅靖老师精心地用牛皮纸另做了封皮，还细致地写了书名和所购地点。看着一本本二十世纪七十年代比我年纪还大的书被茅靖老师精心呵护，我知道这是一个真正的爱书之人。我们的乡村图书馆和工会的职工书屋合作，2022年被评为湖北省级职工书屋，随之而来的是700多册经典图书，2023年被评为全国职工书屋，也收到了全国总工会为我们配发的几百册图书。虽然都是至高的荣誉和我最爱的图书，但茅靖老师给我的，不仅仅是几百册图书，她是把她一生的挚爱都给了我们图书馆呀！

神农架的秋季总有几天晴到天空湛蓝，森林中高大乔木的树叶不是渐黄就是渐红，整个山林在阳光温暖的抚摸下渐渐大变妆容。这是神农架一年中色彩最饱满的时候，也是农民收获的季节。在这个时候，我总会在民宿摆满南瓜、玉米作装饰。我们是一个乡村民宿，每天帮我接待游客的前台在后厨忙碌着,团队的小伙伴们除了陆姐,还有爱做手工的易荣(柠檬老师)、我的妈妈韦家秀、我的小姨祝廷会和几位打扫的阿姨。茅老师他们在房前屋后的茶园里转着采茶,民宿就在几十亩青翠的茶园之间。妈妈、小姨和易荣在房前屋后转着。

  创业确实很累,但睁眼一看,眼前都是景,身边都是最喜欢的人。这是枝子的花园给我最大的回报。

## 2021年8月1日：汪望旺

从2020年11月开始，我和老吴没有人不期待能够早点完成民宿建设，早日装修完开业。我和老吴都认为民宿不只是一个建筑，更是艺术与本地文化的结合体，这样的结合体在市场到底会受欢迎还是被鄙夷，只有开业后才知道。

所有关心我们的人问我们何时开业的时候，我们从春季房子还只是框架的时候说"五一"开业，可是那时候房子还只是一个框架。我问老吴什么时候可以结束工程，老吴说还要一个月吧，"六一"儿童节能开业。

"六一"到了，还是个框架，老吴说我给党的生日献礼。

"七一"到了，还是个框架，老吴说"八一"建军节不能开业他是狗。

我对外说"八一"建军节不开业我是狗。

2021年8月1日，我的微信公众号的文章标题是《汪望旺》。

当我们的建筑基本成形后，接下来就是软装过程了，老吴紧绷的神经也随之慢慢松懈。

老吴是个工作狂，到了神农架后，除非生病，他从未离开过工地。在土木工程结束后他和我说想回家看看家人，我也没多想。

在我工程最艰难的时候，我也会控制不住情绪和老吴吵架。当时在我身边支持我的是好朋友老乔。

他的兴趣是人像摄影，主业是在景区和弟弟一起开商铺。

2021年我对他说别干商铺了，埋没他的艺术才华，和我一起干民宿，我们再成立一个摄影工作室，专门给民宿客人搞旅拍。我成功地忽悠他放弃了和弟弟的合作，加入了我的民宿建设大军。此人五大三粗，最大的特点是力气大，来到工地后承包了所有的力气活。看到我们请的焊工他说他以前就干过电焊，如果叫不来电焊工，他会来帮我们烧电焊。老乔这个人在枝子的花园工地是一块砖，哪里需要就垫在哪里。

他见证了我盖民宿的整个过程，看到老吴和工人吵架，理解我对老吴艺术上的认可，也看到我因为对建筑工程一无所知只能倚靠老吴的窘迫。有时我和老吴因为暴脾气、无法沟通而互骂，老吴气得背起行囊说出去转几天冷静冷静，但我们的开业时间经不起冷静。

我落寞地坐在工地上一脸坚强地说："我就不信没有老吴，我的民宿开不了业了，我一个人去买卫浴用品，又不是买不回来。"

没有设计师卫浴用品肯定买得回来，但没有钱，那肯定是买不回来的。老乔说他支付宝网商银行里有几万块钱的贷款额度，都贷出来借给了我。

我这才有钱买回来了卫生间的马桶、洗漱台。买回来还得到了转悠了几天消了气的老吴的一顿数落："枝子我真的很佩服你！你就是有一种本事，市场里啥最难看你能买回来啥。"

我大半也不理会他，等着找机会再用刻薄的话怼他。

后来老吴告诉我，他看我连作装饰的老木料都买不回来，都打算甩手不干了。

有一件我看起来正常却让老吴大跌眼镜的事情。

当我们的民宿需要旧木材作装饰的时候，老吴曾带我找到了一个在神农架下谷乡和巴东县接壤的地方收旧房子木料的付老板。

老吴和付老板是老熟人,他带我去见付老板之前犹豫不决,因为实在找不到心仪的木料他才迫不得已带我去找付老板。他交代我说话千万不要门不把风,他们都不叫卖旧货的,他们是古董商人。这一行规矩很多,水深得很,不会说话别瞎说话。

付老板带我们去看了一些木料,我问他多少钱他总是不回答我,反而问我准备出多少钱,说5000块钱有5000块钱的货,500万元有500万元的货,我只要告诉他我需要什么,出得起什么价钱,他按我的标准给我准备就行了。

这话说得感觉像是旅行团安排团餐,500块钱一桌,十个菜两个火锅,五荤五素,其他的都由老板自己搭配。

可买木材不是吃饭这么简单呀。老吴打算民宿所有的软装都用旧木料板子来做,到付老板这里两眼一抹黑地让人给整一个套餐,怎么能行呢!

老吴在边上敲边鼓:"老付是你们湖北古董界的老大、扛把子,你要是不信任他,你就没有可以信任的人了。"

晚上付老板请我们吃饭,晚饭后还极力想安排晚上的活动,我们以家中工地还需要赶工婉拒了付老板。路上老吴建议我让付老板在山区给我拆一栋老的木板屋,在神农架下谷乡和与神农架交界的恩施州巴东县,有很多这样废弃的木板屋,可以整栋拆,剩下的软装的旧家具——老木箱、老窗花、门头等装饰可以开一个清单,一起让付老板报价。

我们跑恩施买木材的整个过程感觉就是去见了老吴的一个老朋友。

回程路上老吴觉得付老板一定不会给我找来木料,用老吴的话说就是:"就你这样的傻土老帽,看到啥都问'这个多少钱',这行碰到你这样的都不带搭理的。"

当我给已经回沈阳老家探亲的老吴发去付老板给我送来了木料的消息时,我猜老吴内心是挣扎的:这傻子能买回来木料,在我计划外。

他觉得我的项目要烂尾了,无论是我的资金实力还是我的操盘能力都不能把民宿按照他设计的初衷推进,他也在工地付出了10个月的努力了,建筑已完成,软装他不想管了。

没想到付老板给我送来了一卡车老木料。我开出了老物件清单,付老板说下次再送来。付老板和夫人一起来送货,付老板说本来这单生意不挣钱,他不想做,但他老婆说人家枝子是作家,作家要做的事情,一定要支持。

我才想起来和付老板吃饭的时候，付老板听老吴介绍说我是作家，老付说他的梦想也是当作家，我当时以为他就是这么随口一说，毕竟很多人都有文学梦。

我没想到我爱写作的梦想在这里帮助了我，在见多识广的老吴看来，老付不会把材料卖给我，老付却拉他老婆作托词："我老婆说了人家枝子是作家，作家要做的事，我们要支持。"

木料到了，想甩手的老吴还是回来了。很多以前因为没有合心意的材料而将就的一些地方又拆拆补补，终于在10月之前，民宿初具雏形。

我曾对开业是有许多豪言壮语的，真到了接客的时候却是悄无声息的，只等游客上门。那时候我还没有开通携程等线上平台，但房间通过熟人介绍都预订满了。我的妈妈、舅舅、七大姑八大姨、好朋友都来民宿帮忙做服务。

那年"十一"，我们的民宿甚至没有床头柜和电视，有的只有窗外美丽风景和我妈号召来的一大家子帮忙的人。客人有十几个，七大姑八大姨来帮忙服务的有十几个，他们把民宿塞得满满当当热热闹闹的，还是有个新店开张的样子。

一个好民宿老板，首先要对客人无限地宠。

客人说想吃土鸡，我便开着车到30公里外的村庄买土鸡，舅舅帮我在院子里杀鸡。

早上五点，我和妈妈起来摊"洋芋粉鸡蛋皮子"，只为让客人尝到最地道最新鲜的食物。

家人在背后努力托举着我创业。

"十一"正值神农架赏秋时，在阳光的照耀下，森林释放出蓄积一年的七彩斑斓。秋季是神农架最美的季节，是寂静冬季来临前最后的热闹。

# 神仙住的院子

开业前夕,一个特别的预订电话打到我这里。原来是带着孩子出来的旅行博主想来我们家体验神农架民宿。

我们家一共只有9间房,在"十一"旺季预订进一个房间就意味着要推掉别人的预订。这个时候的商业思维便是价高者得,但这位博主让我看看他的抖音号,他的账号是做垂直亲子游的,有二十几万粉丝,他希望用一期给我们的民宿做免费宣传换住宿。

说实话我的商业敏感性很糟糕，在为他们协调房间的时候我真没有关注他们的粉丝量有多少，但他们带着孩子天南海北旅行的内容真的吸引了我。我记得我女儿五岁的时候我带她到海南骑行，无数素不相识的热心朋友因佩服我们的勇气接待我们，让我和五岁的女儿有了一段难忘的旅程。我对带孩子旅行的人有天然的好感，即使在旺季房间十分紧张的情况下，我还是热情地欢迎他们到我们家，希望能用自己家的民宿温暖爱带孩子旅行的朋友。

这个博主的抖音号叫"来啦亲出发"。当我自己都忘记了"十一"还接待过一位旅行博主的时候，两周后他们给我发来了制作超级精美的视频。

这个"住宿换推广的"视频，在抖音号"来啦亲出发"至今还能搜到，收录在他们的自驾神农架系列的第八集中。让我最佩服的并不是他们把民宿拍得有多美，我身边有好几位摄影师朋友都帮我把民宿拍得很美，也不是他们可以一边旅行一边带孩子还带着高清摄像机、无人机飞行器等一堆昂贵的摄影器材，而是他们的文案击中了我的心。

视频一开始，孩子妈妈就用温和的声音轻轻地拉开了民宿故事的序幕："到神农架的第一天，我们在木鱼镇的山顶上找到了一个神仙住的房子。"他们的文案是这样的："一辈子三万多天，不想活成同一天，做不了神仙，那就去神农架过点神仙日子！"

从2021年开业到现在已经三年了，无数人来到我们的民宿，都会感叹这里真是神仙住的地方，雨过天晴的时候云海就在我们的脚下飘，多少人在这里流连忘返，却只有他们的视频第一句话就把民宿的优点全部表达出来了——神仙住的房子！

在大山风景的交错中，孩子妈妈用温柔的声音慢慢地讲述着这个神仙的院子："黄土的墙、灰白的瓦，你眼前的这座小院子背靠着青山，掩映在茶园深处。民宿房东带我们走进房间，站在落地窗前，伸手可及的青山与蓝天，真的是爱了！"说话间，无人机的镜头从妈妈在房间大玻璃窗前喝茶看风景切换到天上，俯拍木瓜园的全貌。巍峨的青山中茶园遍布，茶园里村庄静谧，民宿在静谧的村庄中尤为灵动。

几个镜头、寥寥数语把民宿的大环境优点全部表达了出来，毫不拖沓。后来与孩子父亲聊天，才知道孩子父亲原来是摄影记者，孩子妈妈也是做传媒工作的。后来他们也做过民宿，现在两个人都全职做自媒体，关注亲子游这个领域。

辑四　泥土的格调

有很多人来民宿给我们拍过视频，但故事讲得最好、最能打动人心的还是"来啦亲出发"夫妇。他们拍的老屋檐下、土墙边上和篱笆墙外都是那么惬意！在园中随意走走，这里的时光仿佛回到儿时的老外婆家。我深信这是博主内心真实的感受，他们只是住了一晚，却花费了无数夜晚为了一个承诺，帮我们制作出了一帧又一帧美丽的画面，写出了直击人心的优秀文案。他们停留的时间很短暂，一个接一个民宿、景点等待着他们去体验打卡为粉丝朋友做攻略。在他们停留的有限时间里，我只谈到了我从欧洲回来想借助民宿提升神农架文旅，还未谈过外婆家对我的影响。我努力地在民宿中留下祖辈的印记，想让孩子用手去触摸黄土的墙，用眼去看灰白的瓦，给孩子讲我外婆的故事。

视频的最后，我们坐下来一起聊我为什么会在这里做民宿。我从自己欧洲领队的从业经历聊起，聊到瑞士、奥地利和意大利北部阿尔卑斯山脉的民宿、风景、风情带给我的感动。回家以民宿为载体，把这片土地上的神农文化用建筑表达出来，把这片土地上的温暖，用食物和服务表达出来。视频不长，就3分钟时间。

这个视频是2021年10月拍的，我写下这篇文章在2024年新春，三个年头过去了，无论是我自己，还是邀请的朋友们，都没有拍出比这个视频水平更高的宣传短视频。这对夫妇虽然是带着孩子在旅行，但更多的是在用心工作，我也没有想到我在不知不觉中接待了天使。2023年我们在木鱼镇参加民宿宣传培训时，他们的短视频被一家宣传推广公司挑出来作为成功案例拿出来讲解。

他们在视频的最后说："神农架有没有神仙我不知道，但来神农架，在枝子的花园过几天神仙般的日子是件特别美好的事。"

认识设计师老吴以后，我发现绘画是一项了不起的技能，我总苦恼于我不会画画，但他一直说绘画的逻辑其实和写作一样，是一种表达。

他也身体力行地告诉我,建筑也是一种表达,而"来啦亲出发"夫妇用一条视频告诉我,视频也是一种表达。短视频火的这几年,我要么沉溺于各类短视频耗费了很多宝贵的时间,要么弃之如弊履,觉得短视频质量参差不齐,有许多非正规的肤浅表达,沉溺其中只会耗费时间和精力,但我忽略了时代在进步。声画合一是一种更高级的表达,学好用好,民宿才会在互联网时代有更大的生命力。让这个神仙住的院子来更多"神仙",一起把枝子的花园和乡村建设得更好。

# 大风行过木瓜园

2021年开业短暂的热闹后，约莫有一个月的时间没有客人预订。无人订房是因为神农架冬季进入了旅游淡季，原本出游的人就少，再加上出行的种种限制，人就更少了，让冬天显得越发萧条、冷清。当我成为一个身负使命的创业者时，对于美的态度，与毫无负担的游客相比，是完全不同的。

冬季，属于神农架大山的厚重和打动人心的神秘之美与独属于高山的寒冷扑面而来，伴随着严寒而来的是静谧。

我曾与同事们在齐腰深的大雪中拍过白雪皑皑的神农顶，感受过那种眼睛在天堂、身体在地狱的奇幻旅程。曾经有人说："如果雨是天空与大地的神奇介质，那雪就是短暂停留在大地上的天空。"

当我凝视民宿对面山顶的一层薄雪勾勒出山优美性感的曲线时，不由感叹大美无言。

木瓜园小村一隅因为在神农架，自然不因它小而吝啬美。

是啊，自然何时吝啬过美呢？远山有云海相伴，初冬阳光温暖，浓浓的烟火气息是人在大地之上向天空发出的介质，它们竭力向天空述说着，大地是温暖的。枝子的花园努力地讲述着神农架这片土地的温暖、美好和爱。

冬季，森林寂静。

在冬季的寂静和寒冷中,我倍感压力和焦虑。我总觉得民宿的设施设备不完善,与周遭的美景不搭,便没有把客房放在网络平台上销售。

入冬前的一天夜里,木瓜园刮了一场极大的风。

那极强、极大的风刮得我有些茫然。我想起自己站在破败的老房子前对银行行长夸下的海口——它是一个跨时代的项目,它将弥补神农架旅游没有文化载体的空白。现在,一个有原始垛壁子墙、板壁屋、吊脚楼、高山老火塘、乡村图书馆和钢结构大落地玻璃窗的乡村民宿已经建成,可它的未来在哪里?

民宿"十一"的热闹如烟花绚烂,转瞬即逝。"十一"后的两个月,

连木鱼镇上都只有两三个本地人行走在秋风萧瑟的街头,更别说木瓜园这个深山村庄了。

家人们过完"十一"就回去了,陆姐也去休月假了。枝子的花园不再是一个工地,而是一家漂亮的民宿。没有了工地的忙乱和嘈杂,偌大的两栋结构奇特的房子与寂静的大山毫不违和,仿佛已经长在此地许多年。

我住在深山的村庄里,听着跨过山峰呼啸而来的狂风声,山野之间有这么一处遮风避雨的地方。自然中建筑如此渺小,却是人在自然中的容身之地。我没想到在木瓜园如此人烟稀少且建筑零散之地,第一次体验到建筑的基础功用是在一场肆无忌惮的狂风之中,我一个那么热爱自然、热爱风的人,当风报之以狂暴亲吻我和房屋时,我内心涌起无限的迷茫。

民宿是建筑、文化与服务的综合体,现在建筑已经完工,就差文化和服务了。我再没有像老吴一样的领路人,风再大,我只能独自迎风而上。

那夜的大风,吹掉了花园露台的顶棚。

第二天,我试图去把被风刮走的露台顶棚找回来,它那么大一块总不会被风刮得太远。顺着风向,露台边是低矮的茶园,茶园边溪水旁还是一块茶园,中间种了许多梭罗树,梭罗树茶园再越过小溪就是另一座山头,就没有可走的路了。我寻找那块十几个平方米被无数燕尾钉固定在露台钢构上的透明瓦顶棚,似乎在寻找一个谜。大风吹走了顶棚,即使我在村微信群里发布了"寻塑料顶棚启事",大家除了对我表示同情,也没有别的办法,山那边的居民,也没有看到一块透明瓦顶棚。它和风一起吹到了未知的地方。我精心打造的一个精神高地,它的未来在哪里?我不知道。

辑四 泥土的格调

除了大风刮走我的露台顶棚，这个冬天还夺走了我的心头所爱——一大棵飘香藤。要说那棵飘香藤，在我这里可是风光了好久，我把它种在民宿朝路的那边，别人来第一眼就能看见。它的藤顺风爬得飞快，我用两扇古老的细门给它们搭了架子，它们从温暖的初秋一边爬藤一边开出无数招摇艳丽的红色花朵，来到民宿的人第一眼就能看到它。

村里人人都夸这花好看，因为村里人人都喜欢大红大红的花朵。红花绿叶再加上长得快，花开得多，简直是我在村里的头把面子花，但人人都要问一句："能过冬吗？"

我不知道，但买花时老板说扛冻。

微信聊天得知花店老板的飘香藤扛过了寒冬，她口里信誓旦旦能扛过去的飘香藤努力在无数个寒夜里绽放的花儿都蔫儿了，接着浓绿的叶片转黄绿，再接着连见风长的藤也变成了枯黄色。

我依然相信那个老板，直到近日某个有阳光的白天，我去剪了一下靠根的藤，已经冻死了。但这棵风光无比的飘香藤，确确实实是和神农架的寒冬打了一仗，在12月底我都是抱着火炉过冬的时候它还在努力开花。直到和寒风对抗的最后一刻，它还在打花苞，它是好样的。我没听邻居的建议用塑料布给它做个暖棚，我拒绝这个美妙提议的时候说就是要看它能不能扛冻，不扛冻就不种。我买的时候也是这么和老板说的，要是不扛冻我就不买。但我一想起直到12月它们还在努力开花的样子，我真的还想再买一盆，冬季给它们搭个塑料暖棚。其实我是后悔的，那是一棵为我开了好久的花呀！我却任凭它们被神农架的寒冬蹂躏，还美其名曰自然抉择。我想，我和那些绿叶红花真的有某种我自己也难以解释清楚的感情了，写下这段文字的时候，我心里充满了对自己怠慢生命的懊悔和对那棵花儿仙逝的心疼。

虽说寒冬将至，春也亦守约，熬过隆冬，便是春天，但我还未体验

到工程完工后的喜悦，随之而来的便是如何招揽生意的焦虑。随着天气越来越冷，我的心也越来越冷。

包工老板问我什么时候结账，甚至有若不按他们的时间结账便要对我恶语相向者。我们建设时候的工程款，我大半都是按照约定付的，没有守约付款的是工程质量有问题的。于是对于工程质量问题——腻子没刮白，地坪没打平，瓷砖没贴周正，到底是工人的问题，还是设计师的问题，又是一轮消耗心力的拉扯。

大风呼啸，一夜之间，门口一棵巨大的银杏树上金黄的树叶被吹落尽净。那一夜的风，把我从从前喜爱安逸、随遇而安刮进了现实之中。民宿是建好了，还有二三十个建筑工人的工资没有结算，有些人开工的时候问过了能否今年付一部分，剩下的明年再付，但早付晚付，这些工

人的工资都一定是要付的。

　　还有几个施工队包工包料,或是只包工。如果有些施工队是从宜昌或者兴山请来的,那对于结算时间就催得紧一些。古希腊哲学家西塞罗说:"如果你拥有一间书房和一个花园,你便拥有所需要的一切了。"

　　当我竭尽全力让自己拥有一个花园和书房时,我也拥有了一切高尚和卑鄙。当我为那些我曾说过想办法尽快付款,实则无能为力的失信行为深感抱歉和愧疚时,朋友们说:"当下经济环境不好,这些都是商家之常事,看来你还没有做好当一个民宿经营者的准备。把你那些强烈的道德感和尊严都抛开吧!想想你投入几百万的民宿应该如何活下去,怎样才能有客人来吧!"

木瓜园的一场大风,刮来了凛凛寒冬,把我从工程建设时期的焦虑"只要民宿完工就好了"带到了"这该怎么办"的焦虑之中。但最终我还是鼓起勇气听劝,想尽一切办法把客人找来吧!

## 云上民宿挂网上

怎么活下去呢?

一下雨,民宿就被飘来荡去的云海包围,眼前的雄山因逸云的环绕而越发迷人,那迷人的风光让我心存疑虑:这么美的风景为什么吸引不来人住呢?

我的好朋友王江霞比我还担心我的活路——每个月的贷款利息、我的生活。王江霞的家在兴山县古夫镇,我女儿也在那里上学。每次我去看女儿都是在她家住,有时候连女儿的书本费都交不起的时候,她总是一边慷慨解囊,一边感叹:"枝子,你不能这样下去呀!"

于是她发动身边的一切资源,先是发动了她在深圳的老朋友们组团来神农架旅游。还没有等我报价,她便开出了每间房每晚780元的高价,那可是秋末初冬,旅游正淡时,很多五星级酒店都没卖到这个价格,江霞却说:"大家只当去枝子的花园扶贫,枝子是个有情怀的创业者,我们不能把枝子饿死了,枝子饿死了就不好玩了。"

那个月在江霞的吆喝下住宿加餐饮的收入合计8000多块,但还是不够支付每月的贷款利息,以及水电费、工资。民宿刚开张,我只能拆东墙补西墙来维持运营。

看着我举步维艰,江霞又想借助资本的介入缓解我的资金困难,让我出让50%的股份给她的师兄周总,以解决我的债务问题。

老吴觉得我是个二傻子,听说有人想收购我们民宿50%的股份,也"很巧"地到了神农架,说是有点事要处理。于是我和王江霞、老吴一起和周总谈合作。

周总表达了想与我们合作的意愿,但他从头到尾都没有问价格和投资入股比例。他在这里住了一周,这一周我一直重感冒,没有谈出个所以然,后来周总要回福建开政协会议,直到他离开我们也没有谈合作的事情。

王江霞和我复盘每一个细节,看到底是哪里做错了或者是说错了才让我错失良机。她一会儿说我饭做得不好吃,一会儿说我卫生打扫得不干净。老吴对江霞说:"你就别挑剔了,就这么糟糕的饭菜,还是她做出来的最好的饭菜。"

但直到今天,我都感激好朋友江霞和周总,并不只是困难时期他们的雪中送炭,而是他们给了我一种无论多么糟糕总有人给你兜底的踏实感。人是情绪动物,有时候感觉不一定是真相,但比真相更能激发人前行。

严重的财务危机使我没有能力聘人,连陆姐都放假回家了,我和老乔的合作也终止了。

老乔是我最好的朋友,在民宿建设时期付出太多,他把他能贷的款都借给我去买马桶和面盆了。如果不是选择和我合作,他在原来的工作岗位本来是可以挣更多的钱的。好在老乔是个敦厚的人,并没有和我计较他的损失,依然选择和我做朋友,开口闭口总说我们是跨越男女性别的哥们儿。

周总走了,老吴也说有事要回去,原来老吴是专门为我卖掉股份的事来的。我提出送老吴到宜昌乘飞机,走到兴山,忽然一个电话打进来,有人要预订一间房。老吴说他乘公交车去机场,我赶紧回了民宿。

预订的客人是朋友介绍的,来到民宿感叹我们这里这么好的环境为什么不上网络平台销售,我不好意思地说:"我们还有些设施设备不太完善,所以就一直没有上。"

客人说:"我们从城市来神农架,就是来享受山里的原生态美景的。我陪家人、朋友到神农架多次了,从来没有见过哪家民宿、宾馆饭店的风景有你们家这么漂亮的。至于室内的设施设备,你肯定是有困难才没有完善,可是如果你永远不上线就永远有困难,只有一边经营一边有收入,你才能一边完善,你还犹豫什么,赶紧上平台呀!"

听到客人这样的评价,我稍有了些自信。还特意去了一趟武汉,去了携程湖北公司。(后来我才知道我把上平台这件事情想得太复杂了,根本不用去一趟武汉,打电话就会有携程经理专门为你服务。)

根据携程给的建议,我找了一位专业摄影师,为我们上线拍了一组上线图,摄影师不但把我们的客房拍得很美,还把我们的文化空间拍得很有意境。不到一周,我们的民宿就上线了。

我们在携程网上的第一个订单是三个年轻女孩订的,她们来神农架滑雪,定了我们家一张大床、一张小床的亲子间。

我们的民宿在一个狭长的山谷之上,山谷低处有一条横切山脉的河流,每当下雨或是下雪,雨水或雪水汇入河水之中,太阳出来时水汽从谷底蒸腾而上,我们在民宿就能看见云海缓缓升腾。

客人回程后就给了我们一个带图片的五分好评。接着第二个订单、第三个订单,订单越来越多。

越来越多的客人在网上发现这家风景秀美且还有神农架本地文化建筑的民宿,再加上我们在携程网上线后就临近春节,每天都有滑雪、赏雪的客人预订客房,春节假期预订满房了。

春节期间民宿运营得不错,许多人来神农架滑雪预订我们家的民宿。印象最深的是五个带孩子的家庭选择在我们家欢度春节。

孩子们的年龄在5—12岁。因为我们有一个图书馆,一家人白天出去滑雪后回来,有的大人围着火炉喝茶,孩子们则被爱阅读的大人带着在图书馆翻阅绘本。很多人说如果人间有天堂,那一定是图书馆的模样。虽然我拥有一个谷仓改造的小小图书馆,但我一个人在图书馆的时候,从未有这种感觉。或许是我自己看不见自己阅读的样子,可当我看见别人在图书馆认真阅读的时候,我心生欢喜。当这些认真阅读的人是一群孩子时,那种感觉实在美妙,爱意由心萌发。

所以当孩子的家长们想请我给孩子们上一堂民宿建筑课的时候,即使我对建筑一知半解,但我还是很早就备好课,做好了准备。

2022年春节,我带孩子们解读枝子的花园的建筑,给他们上了一堂特别的民宿建筑课。孩子们穿着五颜六色的羽绒服,像小包子一样。5岁的妹妹最小,眼睛和脸蛋都是圆溜溜的,对村庄里的一切都充满了好奇。我问他们:"孩子们,你们知道谁会讲故事?"

孩子们马上七嘴八舌地开始了充满想象的回答,当有个孩子满怀期待地指着我用绵软的童音说"枝子老师会讲故事"时,我的心都快被融化了,我对他们说:"房子会讲故事。"

相传很久很久以前,神农架大山里的人都住在山洞里,一直到我很大了,还听见老人说一个人很穷很穷,穷得只能住在岩(方言读ái)屋里。什么是岩屋呢?就是山里天然的石洞。

住石洞听起来很好玩,可是真正的石洞阴暗潮湿不说,还有毒蛇、毒虫、蝙蝠。小朋友们想象一下和毒蛇、毒虫、蝙蝠在一起生活的状态,很有意思吧?

相传神农氏听说神农架大山里有很多珍稀中药材,于是来到神农架采药。等到了神农架才发现珍贵的药材都长在悬崖峭壁之上,徒手根本无法采到。但神农氏非常聪明,懂得就地取材,这里山大林密,于是他就砍树和藤蔓做梯子攀上悬崖采摘珍贵的药材。

神农架也因此而得名,这是神农架"架"字的第一层含义——架木为梯,以助攀登。

神农氏看到神农架的山民住在山洞里,于是教大家用木头搭建屋子。以前没有设备，大家就把圆木的边上砍出榫卯结构后垒起来，如果圆木之间不是很契合，还有缝隙的话，就用黄泥巴糊一下，顶部搭上茅草，这就是神农架最早的建筑，我们当地称之为"垛壁子"屋。大家看我们枝子的花园的招牌，就是挂在这样的一面垛壁子墙上的。在我们神农架深山老林中，三四十年前还有人住这样的房子。这样的房子比住山洞是好了很多，但它还是有一个缺点——不通透，夏不隔热冬不保暖，而且圆木的使用效率也很低。但就是这样的房子，我们神农架人也住了很多年。直到现在，还有人使用这样的方法搭建牲口棚和杂物间。

一直到二十世纪七十年代开发神农架修路的时候，筑路工人带来了油锯和电锯，大型的设备可以把一根圆木改成更大面积的木板。由于工具的改进，建筑也改进了，出现了板壁屋，就是用木板搭建的房屋。这种房子的优点是大大提升了木材的使用率，结构也很轻巧，便于开窗采光和透气。在我们枝子的花园，我们二楼的围栏和一个吊脚楼采用的都是板壁屋的建筑结构。虽然板壁屋在神农架的历史不长，但在鄂西土家族有很长的历史。我们有很多烟熏火燎出黑色包浆的老木板，是专门从土家族搜集回来在这里做展示的。

建筑与材料密不可分，西方人喜欢用石头建房子，中国人喜欢用木头建房子，聪明的祖先最擅长的事情就是就地取材。大家向后看，这是一栋用黄泥土夯成的老房子。我们走进去，大家可以和我一起触摸黄泥土的质感，这个泥土被夯得非常紧实，而且墙壁也被处理得非常光滑。土夯房不是神农架的特色，在中国很多地方都有，比如福建的土楼，还是世界文化遗产。

在神农架建区后，我们有一个地方叫松柏，它是神农架林区政府所在地。当时建房子就大量地使用了石头。为什么这个地区长期使用木

辑四　泥土的格调

料、黄土作建材，到后期会使用石头呢？

对了，有小朋友猜对了，因为我们有了机械的帮助。石头是非常好的建筑材料，但它很重，当我们有了挖掘机等可以帮助我们的机械的时候，我们就可以更好地使用建材了。枝子的花园的很多花坛、地基都是用石头作材料建成的。

大家在枝子的花园民宿住的地方，是一栋我们刚刚建好的轻钢构玻璃建筑，这也是目前比较前卫的建筑形式。

垛壁子墙边上是裸露的砖，有空心水泥砖和小红砖。这是最基础的建筑材料，也是现在砖混建筑结构中大量使用的建材。我们特意将砖裸露在外和枝子的花园的整体建筑混合，想表达的是神农架几百年来的建筑发展历程。我们可以看到，随着科技的发展，建筑的材料发生了改变，建筑结构也发生了改变，比如在城市，人越来越多，房子也越盖越高，以满足在有限的空间居住更多的人的需求。

虽然很多建筑用其特质在讲属于它们的历史故事，但它们还是因为不透光、不保暖等缺点逐渐退出了历史舞台。建筑是为人服务的，将来我们会研究如何用最少、最环保的材料，搭建出最舒适的建筑。这些就是你们未来的工作了，到时候我和你们的爸爸妈妈就要等着享受你们研发的新型建筑了。今天的"枝子的花园建筑小课堂"就上到这里了，大家还有时间的话，可以在枝子的花园认真地观察这些在神农架历史上停留了或长或短时间的建筑，感受这些建筑带给人的便利。

孩子们很喜欢听我讲建筑的故事，我让他们去观察他们身边的房子，学会自己倾听建筑的故事。一个民宿，可以让孩子们有所收获，我心里真的乐开了花。

陆姐要在家过年,一个朋友被我拉来帮忙,偶尔忙不过来还会请邻居帮忙。民宿第一个寒冷但不失热闹的春节就在开心接待客人的忙碌中悄然而逝,这时我才深刻理解了柏瑞尔·马卡姆在《夜航西飞》里的一句话:"虽然未来藏在迷雾中,叫人看来胆怯,但当你踏足其中,就会云开雾散。"

*Compilation 5*

辑五　民宿里的森林和云海

# 春天,村里的那些花儿和茶

在村庄里,在蓝天白云下,我在忙忙碌碌中,接待了一拨又一拨的游客,一个假期小淡季就过去了。

冬季的日常,每天就是在土夯老屋里生炉子,给客人做早晚餐,邀请客人烤火。春天,哪怕春风还寒,我总是迫不及待地在有阳光的日子里走出去。

木瓜园的春天总是令人欢欣鼓舞。

2022年的春天颇为不同,我有了一个花园!在花园里忙碌的时候,我才发现这些和人一样扛过冬季的植物在不知不觉中萌芽了!

最早开花的是不请自来的婆婆纳,细细地端详婆婆纳蓝色星星般的小花朵,发现还有几朵白色的,再细看原来是去年种下的芝樱花。据说这种花长得很快,有土壤、阳光、水分,再给点时间就长成一片了。去年夏天买回来种下后它就一直没有动静,我以为就这样交智商税了,没想到经历了一个寒冬后,它居然在还有巨大寒意的早春就开花了,给了我一个意想不到的惊喜。唯一遗憾的是我在网上买的是粉色花,开的却是白色花。尽管花不对版,但花朵总是能给予人力量,更何况是在冰雪之中开出的第一茬花,白色也很美。

今年我对星星般的婆婆纳小花突然有了不一样的情感。往年的春天,也是从这些蓝色的"小星星"开始的。原本我想清除这些花园里的

186 回到山村开民宿
我的惬意田园生活

杂草，种些正经花草，可看着那些圆滚滚的绿叶和密密麻麻的蓝色花朵，真是下不了手。更何况这个春天和任何一个春天都不同，我在我自己的地盘种了那么多花草。我要管理、维护那些花草，我要参与花草的生命，我不只在欣赏、享受春天，还在实实在在地参与春天，与春天一起打开一朵朵鲜花，感受生命的绽放，感受美好的瞬间。

在花园的一侧有一棵月季的位置不太好，从屋檐滴下的水正好滴着它，以至于地上的土流失得很快，地面裸露出了一些石块。最冷的时候那棵月季从根到枝全部冻成了冰条条。那个场景让我想起神农顶的杜鹃花。今天看到那棵月季如其他月季一样，该萌芽萌芽，该抽条抽条，对自己所在的位置让它经历冬季白天滴水、夜晚成冰的事情毫不介怀，甚至在枝条尽头打了个不大不小的花苞。我略略修剪了一下花苞，希望在春季月季们努力抽条，让这里尽早长成一片月季花墙。

我偏爱月季和绣球，可能是因为这两种植物比较扛冻。神农架冬季太冷了，只有扛过了风雪交加的夜，才能在温暖和煦的春天绚烂。

欣赏春天生命的萌芽，心底会有一种愉悦的情绪与春天一起生发。2022年开年中央一号文件一发布，我就被通知去开会。

我还记得那天早上我接到神农架林区一单位的电话，通知我去领奖，说我获得了2021年度全区"三农"暨乡村振兴工作优秀主体奖，让我去松柏镇领奖。我不知道别人接到这个电话会有什么反应，如果是领奖当然应该是高高兴兴、欢欢喜喜的，毕竟这几年我把所有的精力都投入了乡村，期待自己的文旅经验能为乡村振兴添砖加瓦注入新活力。但我那一刻脑子好像只捕捉到了一个信号，第一句话就是："有奖金吗？"

电话那一头应该是一位只管通知开会的办事员，面对我这个脑回路清奇且直接的提问，他愣了一会说："我不知道，我只是通知您明天上午9点到政府8楼会议室开会。"

我又接着问:"那你们报销路费吗?"他们是用有线电话打过来的,通话效果很好,我仿佛能顺着电话线看到小伙子一脸的懵,且不知所措地组织语言,他的同事可能看到他复杂的面部表情,忍不住低声问他:"怎么了?"他轻声说:"枝子的花园的老板问过来领奖谁给报销车费。"

座机信号传来的声音让我想起了赵本山和宋丹丹演的小品《昨天、今天、明天》,宋丹丹强烈要求见赵忠祥,赵本山只关心来的时候的车票谁能报销一下。

虽然没有人给我报销车费,但这次会议我见到了支持我民宿建设的榜一大哥们,他们还给我颁了奖。我如小品中的宋丹丹见到了赵忠祥,没有奖金、没报销车票仍然心满意足。

2022年春天,我更关注木瓜园的支柱产业——茶。

原来我在租赁民房做民宿的时候,就觉得民宿不是普通的住宿空间,乡村民宿更多的是让游客参与乡村生活,品味和体验乡村生活。我的民宿虽小,但我一直努力推动让住民宿的客人体验乡村生活,在多次的尝试中,我发现采茶制茶项目最受游客欢迎。

木瓜园茶园相连,野茶遍布,是神农架茶产业的发源地。二十世纪八十年代,木瓜园的村民响应政府号召种茶。木瓜园朝阳,平均海拔800—1200米,最适宜茶叶生长。这里阳光充沛,当阳河滋润着木瓜园的山谷,犹如《圣经》中的伊甸园,所以本地人都知道神农架最好的茶出在红花坪村,而红花坪村最好的茶叶出自木瓜园。

初来木瓜园时我是外来户,自己没有茶园,就去讨无人经管的野茶园。通过北京中医刘京老师的指导,我学会了手工制作红茶。开始是做一些在朋友圈售卖,那时我的领队工作基本停摆,总要有生活的来源。做民宿后,我就带着民宿客人去采茶制茶。

一开始都是能将就就不讲究。木瓜园的茶农最关注的是春茶，春茶价高茶香，但春天游客不多，等到游客来神农架时，村民们大多都不再采摘夏茶了，我就带着客人去讨村民的夏茶采。

如果客人只住一天，我就教他们把刚采回来的鲜叶手工炒制成绿茶。那时我还没有专业的炒茶设备，就在柴火炉上放一个大铁锅炒制。炒绿茶我只在我的师兄黄运国家中看过一次。那次是湖北省文学院院长陈应松老师带着湖北省作家高研班的学生在神农架培训，手把手地教学生们写作。

"写作应该深入生活中去，深入田间地头，深入一项技能中去。"陈应松老师在课堂上这样讲。陈老师看到黄运国写制茶，觉得很有趣，便带着我们去黄运国家体验。那时我们作家高研班一大群人热热闹闹叽叽喳喳地跟着师兄采茶、手工炒茶。大家问的问，闹的闹，笑的笑，差不

多了解了绿茶的制作工艺——采摘、杀青、揉捻和焙干。就这样,我一个三脚猫功夫的师傅便带着游客们制茶。不管炒制的技术如何,但凡是游客亲自动手制作的茶叶,总是倾注了他们的期待和情感,怎么都觉得是香的。

乡村里的春天,万物复苏,林草萌发,自然中热闹非凡,但旅游市场却一片冷清。从村里租赁的老房子还带着五分地的茶园,把这半亩茶园管理好也是春天的重要工作。

初春,在旅游淡季,我专注把采茶制茶项目做成乡村文旅项目,以茶叶的起源与神农架的关系、神农架茶叶资源的介绍、制茶工艺的介绍与实操为主要内容,设计了枝子的花园民宿制茶旅游线路,还研发了芽茶煎蛋、红茶茶汤米饭、茶叶包子、茶叶馒头等和茶有关的吃的。

在忙碌中我慢慢忘记了之前的忧虑——忧虑没有客人,忧虑客人来了如何接待,每天白天忙于采茶,晚上忙于研发制茶课程。无论是茶叶的采摘还是制作,都是极有治愈功能的劳动。空气中满是茶叶的芬芳,在炒制或发酵的过程中感受茶叶从一种香变为另一种香,在这种劳动体验中提炼操作流程,然后讲解出来,让游客感受山野茶的魅力。

正如网上的一句话——干就完了。

## 民宿里的乡村非遗

春天制茶是一件极为辛苦的工作,特别是手工制茶。

除了为民宿客人研发采茶制茶的体验项目,我也会做一些茶叶贩卖。自己独立制茶的时候,才会想到老师说的一句话——你要用心与茶交流!

采茶的天气、时间,茶树所在的海拔高度,做茶的时间、温度,甚至风向等细微的变化都会改变茶的品质。春天的时间那么宝贵,那么多的茶叶等着人们去采摘、制作和品尝。

一定要抓住春天。

在乡村四年,我们设计了一套系统的采茶制茶方案,却一直没有添置制茶设备,所以春天我带着客人制茶的时候,只能烧炉子做茶。等杀青的时候,炉子温度半天都起不来,等到火起来炒茶的时候,温度又过高容易把茶炒糊。

我一直想有一台电炒茶锅,我们本地人叫奇峰锅,在浙江叫龙井锅。一套加上运费大概1000块钱。说起来惭愧,我这么大一个民宿的老板,资金全靠拆东墙补西墙,竟拿不出一笔钱买电炒茶锅,但又有很多客人在问能否来民宿采茶,甚至有人专门为体验制茶而预订客房。

我想看看到底有多少人想来这里采茶制茶,于是我发起了一个小小的众筹——筹一个电炒茶锅,共筹10份,每份100元,参加的人可以免费到民宿体验采茶制茶项目，采摘、制作的茶叶可以全部带走，如果不来，我将赠送一份茶叶。

10份众筹1000元，一下午全部筹满。等还有人问的时候我傻傻地说名额有限，10份已经筹满了。后来才想起来，可以无限地为后期储备客人而筹呀，当时就实诚地想着买一口炒茶锅回来，压根没想到为民宿储备客人。

最让我感动的是当时神农架的党委副书记罗栋梁不但给我筹了一份，还在乡村振兴工作的各个场合半开玩笑半认真地说："大家要支持乡村振兴的发展，特别是要多想办法多支持乡村，我还是枝子民宿的股东呢。"不管在哪里看到我，还未等我开口，他必是先开口的："枝子，好好干，我还等着去你家采茶制茶呢，我是你的股东。"

还没有等来罗栋梁先生到我们家体验采茶制茶，2022年他就调离了神农架，但这份支持我们发展的情谊一直都在，一起探索乡村振兴路径的友情我们一直保持。2023年，罗栋梁先生还就随州乡村振兴发展中的融资困难问题，召开了一个线上会议，特意让我分享了我的众筹模式。

春天民宿虽然没有客人，但打理两栋房子和整理菜园的工作还是不少。只要在劳动，只要没有刷手机无所事事，每一天都是充满信心的。

植物和土地给我的信心让我赶紧请回了陆姐。陆姐是个采茶高手，一到春天，只要民宿不忙，她就成了香饽饽，左邻右舍都请她采茶，邻居们都说陆姐手快。

采茶确实需要手快。春天雨水一来，滋润茶树，暖暖的太阳柔声呼唤，茶叶的芽尖就冒出来了。春季的第一茬芽尖鲜叶可以卖到90—120元一斤，一个手快的采茶工人可以采3斤左右的芽尖，这个收入是采茶工人和茶园主人五五分成。这是双赢的分配制度，工人会自发努力工

辑五　民宿里的森林和云海

作，茶园老板也不怕工人偷懒。看来有共同的目标一起奋斗在哪里都没错。茶园多的茶农，每到采茶季家里都要请七八个采茶工人住在家里采茶。

村里家家户户都有茶园，茶叶是村里重要的收入来源，所以春天的木瓜园格外忙碌，除了下雨天。

下雨天不能采茶，倒不是人怕淋雨，我想如果下雨天的茶也符合采收标准的话，别说瓢泼大雨了，就算是下刀子也抵挡不住村民们对采茶增收的热情。

下雨天采摘的茶叶没人收，说是下雨天采的鲜叶做不成茶。我拜访优秀的茶人、茶专家和查阅资料后才知道茶叶中内含物质的转化与阳光有很大关系，最好最香甜的茶是日晒四小时后的茶。

村民们都是下雨的时候休息。下雨的时候我就喜欢看民宿的窗外，我们民宿茶室和房间的窗户用的都是大落地玻璃，窗外的风景躺在床上就能尽收眼底。

雨下在山谷里就成了淘气的孩子，落在森林里的雨不一会又变成云雾顺着山谷蒸腾而上，在山谷间飘荡，在茶园里轻抚茶叶，在田园中滋润庄稼，在森林中拥抱大树。雨下得大的时候云雾也会笼罩民宿，这时候我总会想起一个老师说的一句话——人应该住在山里面。想想中国造字的智慧——一个"人"加一个"山"，不正是"仙"吗？民宿外群山环绕，茶园青翠，一栋具有神农架历史韵味的民宿耸立在茶园里，怎么看怎么美，再加上春雨朦胧，云飘雾绕，是神仙住的院子没错了。

人在山中就是仙。我住在山上，雨后山间云雾飘荡，我住在云雾缭绕的山上，和中国神话故事里神仙们住的地方一样，但我的生活完全融入了这个村庄。我和村民们一起劳动，晚上一起围炉煮着一个小火锅，说着茶园里的收成，谈论家长里短和远的近的事。村民不谈诗和远方，

辑五　民宿里的森林和云海

他们关注当下，关注田野里的蔬菜和粮食，关心圈里的猪、笼里的鸡。他们聊天的话题往往是从"你们今年喂了几头猪"开始的。

我没有喂猪，只有一些零星的菜地和半亩茶园。

为了能让更多的客人在乡村体验制茶这项中国独特的非遗项目，我还在村里承包了两亩茶园和四亩没有人采摘的野茶林。

虽说我们生活在神仙一般的环境中，但不得不说在山中的劳动是沉重的——白天采茶，晚上熬夜炒茶或揉捻发酵。就算是下雨天我也会忙着拍照、拍视频为民宿揽客宣传。我的好朋友——"当代徐霞客"、作家徐晓光老师，为了在春天能够喝到自己亲手做的茶，特意预订了几天我们的客房，和我一起上山采摘野茶。

我是最爱采摘野茶的。我们村有几百亩抛荒的野茶，几十年因无人管理，已经和森林融为一体，原本在大家印象里是灌木丛的茶树，也长成了三四米高的乔木。即便这几年我和茶树朝夕相处，我也需要认真辨识才能在密集的森林中分清楚哪些是茶树。

森林中的野茶对我来说有特殊的魅力。在爬野山采野茶这件事上，村里的伙伴们觉得我不会算账。那个野山不好爬，小路狭窄陡峭，稍不注意就易摔跤。茶树长在山崖上，有两三米高，需要把树枝拉下来才能采到芽尖。正常一天可以在茶园采两三斤芽头茶，在山上一天能采半斤就不错了。我曾经和徐晓光老师、好朋友王江霞三个人一整天采了不到三斤鲜叶，回来江霞赶紧按照我们的制茶步骤萎凋、揉捻、发酵和焙干，那是徐晓光老师和江霞度过的最愉快的茶旅。那趟茶旅带给我们的快乐，都让我们在想是不是要开一家旅行社来专门推广乡村茶旅。

有朋友会问我住在山上会不会无聊。我想怎么会无聊呢？如果你是一个眼里有活的人，你的事情根本干不完。环境卫生就不说了，春天要播种、育苗、除草、管理花园，晴天要采茶制茶，忙的时候连吃饭的时间都没有。

只要在劳动,我的精神状态就是轻松的,压力就能得到释放。

民宿的客房不多,就九间。我自己也会进每个房间体验,感受躺在床上看风景的感觉,感受客房的舒适度。白天看山,晚上看星星、月亮,看远山在黑夜中的更深沉的黑色轮廓。我常常在民宿中看着天空和远山发呆,从前焦虑的时候从未这样欣赏过眼前如此壮美、深沉、宁静的风光。

下雨的时候,我们的民宿被云环绕。下雨天采不了茶,我让客人体验什么活动呢?

这件事情难得倒我,难不倒我妈。我妈说这个简单,下雨天她教客人剪纸。

我妈是神农架剪纸非物质文化遗产传承人,退休后十几年为了发扬

辑五　民宿里的森林和云海　　197

传承神农架剪纸，不但走乡串村地收集各种剪纸花样，还先后两次到中南民族大学进修了小半年。她的作品在美国展出过。每年神农架的研学活动她都会受邀去给孩子们上课，每节课的课时费是500元。她都快70岁了，还在民宿帮我做洒扫、厨房杂役这些活。最让我难过的是她说一想到我欠了银行那么多钱，就整晚整晚地睡不着。

我只能安慰她说："银行都睡得着，你有啥睡不着的？"

天下的妈妈都一样，总是担心那个最不争气的孩子。好在我的妈妈知道担忧和焦虑不能解决问题，要努力去工作，招揽生意。2023年春节前夕，来自上海的几位客人在参观了我们图书馆，看到我妈为我剪的四幅"书、酒、茶、宿"的团花剪纸作品后，非常喜欢，又听说我妈韦家秀是神农架剪纸的非物质文化遗产传承人，就围住她问剪纸的知识。

韦家秀说："我教你们剪吧！"

这可把四位来自上海的客人高兴坏了，他们赶紧端端正正地坐好，想听大师传授剪纸技艺。那天发生了一个小插曲，我妈的老花镜怎么也找不到了。我妈一喊，我们就翻箱倒柜地给她找老花镜，眼看着老师找

不着老花镜上不了课,上海来的"学生"赶紧问:"老师,您的老花镜是多少度的?我把我的借给您戴着,您试试看行不行?"

本来韦家秀还是很讲客套的一个人,但想着要上课,也没忙着讲客套,报出了自己戴三百度的老花镜。客人的老花镜戴上一试,不但正好合适,老太太还觉得超高清,这上海来的老花镜就是好。

剪纸课结束后,几位客人说在这里住得舒服,第二天要再续住一天,谁都知道那是因为韦家秀老太太的剪纸课讲得好。客人还要把老太太说戴着舒服的老花镜送给她,韦家秀赶紧推辞客套,客人说:"老师,您别嫌弃这是我戴过的,其实是新的,我也没戴几天,您如果喜欢,我回去再给您配两副寄过来。"

在客人的坚持下,韦家秀接受了客人的礼物。在冬季滑雪季还未开启的旅游淡季,两间房又续房一晚,不得不说留下客人的是非遗的魅力。

更让我没有想到的是这几位上海客人说话算话,回去没几天,给我妈特意定制的两副老花镜就寄到了民宿。收到眼镜的那几天老妈刚好不在民宿,我打电话告诉她这个好消息,她开心之余,说的第一句话便是:"那我给他们送点什么礼物好呢?"

我想了想便说:"那就送一幅剪纸吧。"

新年前,妈妈在家啥也没干,给客人剪了一幅精美的剪纸寄了过去。民宿的住客因为采茶制茶这些非遗文化项目,现在倒成了礼尚往来的好朋友了。

剪纸、采茶制茶、植物印染、植物拓印,原本我觉得它们只是生活中的小爱好,是渐行渐远的乡村的一部分,但当我认真对待它们的时候,它们都在给民宿加分。

## 高铁开进神农架

山居几年，我对节气与季节的变化很敏感，也在这种敏感中感受到了自然界生命的萌动与美好。但对于市场，我是迟钝的。

2022年6月20日，万众瞩目的郑万高铁全线贯通，神农架通上了高铁，与神农架景区临近的兴山县、巴东县也有了高铁站。

女儿那年6月底中考，中考完了我被学校叫去开家长会，帮孩子填高中志愿。这算是孩子成长路上的大事，但我只记得老师在上面讲，我在微信里不停地被各路客人添加好友预订客房。女儿的分数不是特别高，想上宜昌市（女儿在兴山县上学，兴山县隶属宜昌市）几所特别好的高中门都没有。私立国际高中之前也不是没有考虑过，只是这几年我的经济状况实在糟糕，正如老师说的，超了县高中分数线五六十分但没有到全县前一百名的同学，第一志愿、第二志愿、第三志愿全部都填兴山一中，稳稳地上兴山一中就行了。

所以我没有过多地考虑女儿高中的选择，心思都在微信上给预订民宿的客人回复信息、预订房间了。

高铁开通了，人们来神农架越来越便利了。每天携程上都会有无数的咨询电话，打开微信，甚至微博、抖音都是私信"你们家房间怎么预订"。我们的房价也从均价500元一点点往上调，调到800元以上的时候，我觉得这件事情不太正常了。

果然，在一个下午，我接到了预订我们270°观景房的客人的电话，那头毫不客气地说："老板我告诉你，我已经给之前预订的民宿打了差评，我们很爱干净的，你最好把房间打扫干净点，不然差评！"

要知道我们是最怕差评的，不要说别人，就连我们自己在网上买东西，看到一个差评也会犹豫一下，怕产品不好。可如果全是好评，没有一个差评，又会怕好评全是买来的。携程旅行网比较牛的一点就是不删差评，所以住宿这个品类很难有全好评，不过我们开业半年来基本都是5分好评。我还真的怕差评，于是我和陆姐赶紧到客人预订的房间，又检查了一遍卫生，我甚至把马桶边上的玻璃胶又擦了一遍。

到客人入住，并在我们家吃了一顿露台晚餐后，客人又给我发来信息："老板，我觉得你有点神经紧张了。我们不是很刁钻的客人，但在上一家民宿，价格和你们差不多，床品不行，我们去住的时候床上还有头发，我和老板理论900元一间的房就这个床品和服务？老板说现在旺季就是这个价格，说得理直气壮，我才给你打那个电话的。你们家的房，无论是床品、卫生还是服务，都值得这个价位！"

看到客人的解释，我在各个预订平台看了看，果然我是只管自己家的民宿运营，没有发现木鱼镇平时卖一百多的小宾馆，现在也是八九百一间了。即便如此，很多旅游同行的朋友圈还是在"跪求"客房。

怪不得之前很多朋友友善地提醒我，该涨价了。

我们家的民宿连一台电视机都没有，客房没有，客厅也没有。我清楚我们的优势在于风光和环境，所以最大限度地让住宿的客人体验风光。当客房的价格超过500元的时候，我就开始思考怎样让游客觉得我们家的民宿配得上这个价格，而不是水涨船高，旺季就高价，淡季就低价。我们提供的不只是民宿，更是乡村的生活方式——体验我们的采茶制茶项目、自己去菜园摘菜，自己给自己做一顿农家饭，或者我带孩子们去认识植物，采一些不同颜色的叶子和花朵回来做一幅植物拓印画。

我们家的民宿有特色，但缺点也很多，缺点之一就是我们这里的交通没有木鱼镇方便。高铁开通后，很多乘高铁来的游客怎么到我们村呢？

有三种方式：

一是让客人搭乘高铁到木鱼镇，然后坐大巴车，在村口下车我们去接；

二是让游客打车；

三是请游客在高铁站附近租车自驾。

预订我们民宿的客人，选择第二种和第三种方式解决交通问题的最多。随着景区对高铁的重视，换乘接驳也越来越方便。2024年滑雪季，各大滑雪场的接驳车线路已经延伸到了红花坪村。

我们的民宿在设计的时候，是考虑了用电视机的。自从我妈来给我帮忙，总是提起要一台麻将机，要不客人来了没事可干，怎么留得住客人呢？

我说麻将到处可以打，采茶制茶或许也能有那么几家，但能在神农架剪纸非物质文化遗产传承人女儿开的民宿里体验非遗项目，怕是走到哪里都没有第二家了。韦家秀同志听了心里美滋滋的，觉得我说得有道理，就没有再和我纠缠民宿麻将机的问题。

旺季的时候，我们民宿的服务人员住不下，我租了隔壁老蔡家的一层楼作员工宿舍，韦家秀也住那里。有一天，她拉着我说："你的民宿不买麻将机呢，我不反对，但你可以买一个放老蔡那里，万一有客人要打麻将，你不许在你家打，可以在老蔡家打嘛。"

我回答她："不是一台麻将机的问题，我怕客人要学剪纸的时候，老师在忙着打麻将。"

## 没有电视,不许打麻将

说起麻将机,记得2021年我们刚开业的那年,我不但把所有的现金都投到了民宿建设,还向银行贷了很多钱,每个月都有不少的贷款利息要还。好朋友王江霞也是一个民宿的女主人,她是在深圳创业后想回归田园生活,通过在朋友圈众筹,在神农架附近的兴山县榛子乡建了老院子民宿。每年,她都会邀约她的股东来民宿体验生活,享受股东权益,也会趁这个机会,推荐神农架旅游。我的民宿开业后,她就邀约深圳的股东们一定要来关照枝子的花园的生意。

与其说是邀约股东芳姐、蓉姐一行十五六人到神农架欣赏风景,倒不如说是专门来支持我的生意。

用江霞的话说:"房费嘛,一定要给多一点,你们不要觉得是来住宿的,要当作扶贫。扶贫要扶枝子这样有情怀的人,她在乡村做民宿多有不易,我们支持她,就是最好的扶贫。"

江霞的股东们大多数都是她在深圳做公益时候认识的公益热心人士。这次邀约来的是第一批在深圳创业的"创一代",他们不但是江霞老院子民宿的股东,还是她做公益路上的伙伴。他们和江霞是十几年的好朋友,支持她在乡村做民宿是对她无私的品格、乐于奉献的精神的无条件的信任,所以她一号召,大家都没意见。

枝子的花园刚开业的时候服务确实有些跟不上,但我们对客人充满了热情，再加上有江霞的人格背书，对天气冷暖气不够暖、热水不够热这些问题大家都能克服，但有一件事是大家无论如何都克服不了的——退休的老伙计们聚到一起要打麻将。

我面露难色——我们家没有麻将机。我不喜欢打麻将，也不喜欢客人在我的民宿打麻将，所以我没有准备麻将机。

这时江霞作为组织者有些坐不住了，她性格直爽，脾气也很急躁，跑过来对我说："今天无论如何你也得搞一台麻将机来给她们打麻将。"

大家七嘴八舌地讨论一个民宿怎么能没有麻将机，长夜漫漫怎么娱乐呢？江霞又向她们解释——枝子是一个作家，她喜欢读书，所以把民宿最好的位置做成了乡村图书馆。芳姐一行人说那也不能只看书呀，我们年纪大了，眼睛也不好，晚上不喜欢看书怎么办呢？江霞接着说枝子也开展了很多活动，比如采茶制茶、植物拓印、跟着非遗传承人学剪纸、蓝染等活动。我在她耳边轻轻地嘀咕："天气太冷了，蓝染缸没有活力，染不了。"还没有等江霞化解尴尬，喜欢打麻将的姐姐们就说她们晚上什么也不干，就是要打麻将。

这时蓉姐出来说："这件事好解决，看看附近哪个地方有麻将机可以打麻将，我们去打给钱就行了，又不是非要在枝子这里打麻将。"

蓉姐一番话一下就化解了我和江霞的尴尬，我突然想起隔壁苔痕溪舍民宿就有麻将机。我打电话过去问王总打麻将多少钱，王总机智地说在他们家吃饭，打麻将免费。

这个简单，就是吃顿饭的事情嘛！说着就把原计划在我们家吃的晚餐改到了隔壁，打麻将的问题就解决了。

后来我也碰到过非打麻将不可的客人，这件事现在就更好解决了，我们木瓜园的民宿越开越多，酿酒的朱吉梅家的五十二号民宿，李平家的舒萍民宿都有麻将机,要么给钱,要么在她们家订餐吃饭都能解决打麻将的问题。

让我万万没有想到的一件事是第三年,芳姐和蓉姐一行又来到民宿。这次是春季,她们专门来采茶制茶。她们知道我们这里不能打麻将,所以还带了扑克牌。

我们的茶旅在两年的时间内有了很大的进步,引入了乌龙茶的制作工艺。乌龙茶高香工艺需要每两小时抖茶一次,芳姐和蓉姐她们拿着计时器,专门用小本本记录茶叶需要翻抖的时间,空闲时间就打牌。十几个人听完我们的制茶课程后记下要点,玩着玩着笑声不断,计时器一响就去翻茶,从容不迫地就把茶叶做好了。

这一波操作把我和江霞都看呆住了。要知道我和江霞两人在家做茶真的是苦哈哈地去采茶、回来摊晒、抖茶、揉捻、发酵和焙干,能要我

们半条命,有时候稍微睡过一会儿,茶叶不是发酵过度了就是焙火过度了,要做好茶必须两眼睁得大大的一直守着。我们没想到还能用手机计时器、闹钟这个功能。

不过芳姐她们人多,但不得不说她们的项目管理做得很棒。

芳姐除了做茶,还从我们这里买走了不少茶叶。芳姐回家后没几天,就有深圳的客人打电话过来:"请问是枝子吗?你的茶叶真好喝,给我们寄点来。我们在芳姐这里打麻将,她的茶叶真好喝。问了是从你那里买的,我们好几个打麻将的都要买。"

我这个天生不喜欢打麻将的人,没想到打麻将还能帮我卖茶叶。

## 一只有编制的野猫

我们家的猫叫焖饭。

民宿应该有一只猫,对于我们山村民宿更应如此。因我们家二楼就是图书馆,所以我家猫的第一个名字被朋友的女儿用谐音叫"屠鼠馆馆长"。后来觉得这个名字还是把我们的正经图书馆玩坏了,我便让女儿给它再起个名字,她正在吃焖饭,便随口说那就叫焖饭吧。

小猫焖饭是旺季前夕木鱼镇一家民宿主人发朋友圈寻找主人被我看见收回来的。高铁开通后的人流高峰别说养猫了,我连给孩子填高中志愿都心不在焉的。木鱼镇的酒店、宾馆、饭店生意更是好到爆,大家都忙着做生意,无暇顾及一只小奶猫。我去接焖饭的时候,它的主人,也是一个小宾馆老板娘一边不舍地送别,一边对焖饭说:"我们太忙了,没时间照顾你,你去枝子的花园享福去吧,那可是网红民宿,你也去做网红猫吧。"

主人细细交代它的东西——驱虫药、幼崽猫粮。虽然它的主人只养了它不到三个月,但把一个吃奶的家伙照顾到这么大,肯定是有感情的,我明白那种不舍。这是一只正宗花狸土猫,接过这个小生命的那一刻,我心想,不管多忙一定要把这个小家伙照顾好。

七月伴随着山中少有的炎热天气和焖饭一起来到木瓜园。我们老房子进出的门有三个,开始怕猫不熟跑丢了,我就用一个拴猫绳把猫拴在老火塘挂炊壶的升降铁钩上,它可以顺着铁钩在火塘房里最大限度地活动,还给它准备了猫砂盆、饭碗、水盆。

我们虽然只有9间房,但加上各种文旅体验活动,客人住满的时候我们还是很忙的。很多集镇民宿或者宾馆只提供住宿,不做餐饮,如果我们不提供餐饮,客人就没地方吃饭了,所以我们必须做餐饮。再加上我们有360°的"无敌"观景台,就冲这美丽的风景,大家也不愿意去别人家吃饭。

夏日太阳落山后,习习凉风在山谷间游荡带走一天的燥热,民宿的茶园小露台就热闹了。为了服务住宿的客人,我们请了厨师。我妈主要在厨房帮忙,我负责客人的预订和采茶制茶、植物拓印、民宿前台服务。客房的服务员做完客房卫生就要赶紧去厨房帮忙。

我们露台的风景好,晚上在露台喝着啤酒,吹着山风,看着晚八点才渐黑的夜空,寻找天刚刚暗下就迫不及待闪烁的第一颗星星。这样的露台夏夜,能吸引人一直待到日夜更替才恋恋不舍地回房休息。而这样的夜,我并没有精力去品味这种美好,因为我是努力维护这种美好的人。大半时间我都在教客人做茶,只要有人住,只要天晴,我们的采茶制茶项目就很受欢迎,有游客觉得这是惊喜项目,就算再忙,我们也要为游客把惊喜进行到底。最忙的时候我一天会带几批客人采茶制茶,忙完都晚上11点多了,等收拾完就迫不及待地上床睡觉,第二天早上五六点还要起来做早餐。

还好猫不算是很黏人的物种,但焖饭毕竟是一只小奶猫,又到了陌生的环境,家里每个人,无论是服务员还是我妈,都会在给它喂食的时候抱它一下,但只要人一走开,它就又喵喵叫起来,惹得人又给它投喂猫粮。

焖饭特别讨小朋友们的喜欢。小朋友来到民宿一看见猫,脚就挪不

开了,围着逗它,它也算是有人陪伴了。原本我妈见我在忙碌的时候弄回一只小奶猫,说我没事找事。但自从有了猫,民宿一大群孩子围着猫也不拉着大人带他们出去玩了,也不疯狂打闹了。我们这里有很多木质结构的楼梯,茶园上下也都是坡上坎下,最怕孩子们跑快不注意摔着,这下好了,孩子们都被猫吸引了。胆小的孩子远远地看着小猫,但总有怎么也看不够的劲头,任凭大人怎么叫都难叫走,胆大的孩子会走上前摸摸它甚至抱抱它,焖饭也乐意和孩子们玩。

2022年8月底,我觉得我一个人监管民宿的文旅项目兼前台预订、服务的工作实在太累,就努力游说了好朋友——极热爱手工绳编的柠檬老师入伙民宿,负责民宿手工项目和前台接待。

为了给孩子们一些体验课程,我们付出的努力也足够多,采茶制茶项目就不说了,我们还开设了征集绘本、植物拓印课程、神农架建筑课程。但孩子们一碰见猫，这些统统都得让道，他们要逗猫玩，无论是家长，还是我们为了民宿讨得更多生意而应运而生的文旅项目，都因孩子们要去陪焖饭玩耍而使我们可得片刻清闲，就连觉得我没事找事的老妈也夸焖饭为民宿接待小朋友们立下了汗马功劳。

焖饭在火塘房被拴猫绳拴了差不多一个月，妈妈和陆姐都说猫应该拴熟了，可以放开了。那段时间有个朋友带着孩子来民宿，孩子见了猫就挪不开脚了，怎么都不愿意走，除非带上猫。

拗不过爱猫的孩子，那天我也是抱着试试看的态度，把猫带着和朋友一起去了木鱼镇，那是差不多四个月的焖饭猫到我们民宿后第一次体验爬树、脚踩草地的感觉。它是一只四脚雪白的纯种中华狸花猫，它本应属于自然与山野，不过因为我们的遇见，成就了它不一样的猫生。

在焖饭身上我见识了什么是猫狗仗人势。焖饭不再被拴起来后刚开始只会跟着人在民宿两栋建筑之间跑来跑去。为了方便它跑，我们的门一直开着，我路过它的猫粮碗的时候，看它的碗里没猫粮了会抓一把猫粮给它，妈妈路过因为宠溺它也会给它抓一把，柠檬老师路过猫粮碗不管有没有猫粮都会给它抓一把，所以焖饭的猫粮碗里永远有猫粮。

木瓜园的野猫很多，循着猫粮的味道就来了。半岁大小的焖饭护食，总是要和来偷它猫粮的猫叫嚣一番。要是没人，它就怒吼咆哮，要是我们在，它就会在我们面前展现它的风采——和野猫咬架。开始我总是帮着焖饭赶野猫，后来越看越不对劲，怎么能助长猫不团结、不友爱的风气呢？毕竟焖饭还是要出去混的，千万别因为护食成了猫中众矢之的。刚开始关着门，可这门关着关着，我就发现焖饭不回家的次数越来越多了，每次回来身上都带着大大小小的伤，我们一边心疼地帮它处理，一边和它讲道理："不要出去浪，你还小，打不过那些大猫。"

焖饭果然是正宗中国猫，越挫越勇，夜不归宿的次数也越来越多，到最后也只有饿了困了想睡它自己在茶室的舒服猫窝了才回家。前面和焖饭互动过的网友在网评或小红书游记中会提到它,也会提到三月份我们为了引流养的一只叫喜乐的羊。后来根据网评慕名而来的客人总是会问我们的羊和猫。

羊,我们精力不够,养不好还回去了,而猫到森林里去浪了,等到它浪饿了回家吃猫粮,吃完找个最舒服的猫窝就躺下了。

客人听完,再看看焖饭活动的森林,无不羡慕地说:"真的是猫生完美!焖饭是一只自由又有编制(有猫粮供应)的猫。"

今年,焖饭已经快三岁了,每天的日常还是喵喵叫完赶紧给它上饭,嘎嘣一阵吃完理所当然地占据沙发最好的位置躺下,睡醒又去森林里浪。

虽然它经常会带一身伤痕回来,但森林就是它的游乐园,是它的战场,是它幸福的源泉。

## 徐老师与山村

暑假结束了,神农架的旅游热度也逐渐下降。在山村里向远山和森林望去,森林依然茂密青翠。从前我一直觉得季节的变换仿佛在温度骤然升降的一夜之间,实际上夏末到初秋的变换是缓慢的,慢到你不仔细凝听便无法欣赏到如此优美的季节变奏曲。当我们不经意间看到满山苍翠变为五颜六色时,自然已经做足了准备。

仔细观察田野与树林,可以窥探到季节轮换的韵律缓慢坚定且有力量。

田野里细长的玉米秆上的玉米叶也是狭长的,夏季的阳光缓慢地一天一天地把彩虹般的色彩一点点镀在玉米叶上的时候,玉米就成熟了,红薯也可以挖了。山里不种稻谷,麦子也种得少,多是洋芋、苞谷。洋芋是年前腊月种下初夏挖,挖完洋芋种红薯或是黄豆。到了秋季,苞谷、红薯、黄豆就成熟了。

四季豆是一种特别的蔬菜,春季种下开花后就一直结果,到秋季天凉为止。我在海南见过一种四季豆,一年四季不停地结出豆荚,只要有阳光,就可以不知疲倦地一直制造豆荚。但在山区,四季豆就只能在夏季这个它喜欢的季节,赶着把一生的豆荚都在这个季节生发出来。

夏末的风一吹,山崖边洋槐的叶子便洋洋洒洒随风落下。板栗树也在春夏秋三季的交替中悄然改变,和节气的韵律一样,板栗树的变化也不是在一夜之间。板栗叶此时还不着急脱落,在树上尽着自己全部的力量保护着刺球果实。春季板栗长着细长的柔荑花序,秋季坚硬的刺球包裹着甜美且光滑的果实。

第一个品尝板栗果实的是村庄里的红嘴蓝鹊。它们一群一群地在夏末的阳光中飞来飞去,显摆它们红色的喙、蓝色的尾巴、叼啄大颗板栗一口吞吃的本领。若有板栗刺球滚落在地被我们发现,我们定是要用脚踩出里面的板栗果实的,被脚踩出刺球的板栗果实是嫩黄色的,仿佛刚出生的小婴儿一般带着呆萌,吃下去还带着奶香的甜味。

柿子树在春季长绿叶,开白花,开始结出的小柿子也是绿色的,淹没在夏季绿色的林海之中,到了夏末初秋的时候柿子变成了黄澄澄的小灯笼。若学吃嫩板栗一样不顾山柿子只是黄了,还未软烂就吃,那么这柿子将涩口得很,像一个带刺儿的姑娘一样不好惹。山里的果实各有各的味道,树木也各有各的性格。

山野里热闹得很,但民宿随着旅游旺季的结束安静了下来。

柠檬老师的关注点在前台的接待和手工方面,妈妈和小姨会关注厨房和菜园。我们种植的菜蔬端到餐桌上获得了太多点赞。但一到旅游淡季,住宿的客人没有了,也难有专门到乡村来吃一顿饭的人。

经过一年的运营,我还是希望能够长期留下厨师和柠檬老师,可是没有客人,怎么保证民宿的日常开销和人员工资呢?

为此,我联络了在神农架的有房养老一族。曾经有一位与我同游欧洲的客人吴先生在神农架买了房,我们在街上偶遇后一直保持着联系。吴先生已经退休,他们夫妇的退休生活就是夏住神农架,冬住海南岛,春秋到处旅游。

他告诉我,他和小区的退休业主们常住神农架,总在想哪里有什么好吃的、好玩的要去体验一下,于是找到我,想让我给他们做一个游览行程，安排一个可以玩一上午的活动，管一餐午饭，他们也来支持一下枝子的花园的生意。

他们大多数是退休老人，一大半都是大妈，爱拍照、爱打卡、爱发朋友圈。

我帮他们选的活动是板蓝根天然植物蓝染。吴总特意强调了大家吃完午餐都是要回去睡午觉的，活动时间不能太长，一上午就行了。

蓝染快且能长久固色，十几二十个人的活动我们的露台可以承接。方案发过去后很快就成行了。

原本我想着大家来了可以一起听听我们枝子的花园的建设故事，在

预料之中的就是阿姨们一来，觉得这里很美，那里很漂亮，全部散开打卡拍照去了。在我们的民宿拍照非常出片，且打卡点不止一个——老房子的黄土墙、吊脚楼的花窗、对着远山的老门、天空下的小瓦房、复古又文艺的垛壁子墙。在阿姨们的眼中这里处处是景，随便一拍就是大片，不一会儿她们的朋友圈照片、抖音短视频就发出来了。

大家自由散漫地参观后，还是听从了吴总的安排，先听我讲了枝子花园的建筑的故事，参观了书屋，然后到露台开始蓝染。染布的时候才发现有几位阿姨染布比我还熟练，一问，原来她们是武汉棉纺厂退休员工。

这次活动中我最幸运、最幸福的事情就是认识了刘校长、徐老师夫妇，他们把对神农架这片土地的热爱，放到了我身上，放到了枝子的花园民宿中，成了枝子的花园的义务宣传员、营销专员。

辑五 民宿里的森林和云海

# 这片土地上的爱与温暖

自从徐老师夫妇和吴总组织的小区活动一起到了我们的民宿后,枝子的花园就成了徐老师和刘校长的牵挂。

虽然我已经四十多岁了,但徐老师每次说起我还是"这个孩子创业太不容易了"。枝子民宿全是凭着一腔情怀和热忱在支撑,旅游旺季一过,生意寥寥无几。

所以在淡季,徐老师就忙着给枝子的花园做宣传,忙着张罗生意。张罗不来的时候也有,她就拉着刘校长亲自来吃、喝、睡,照顾我们的生意。

为了让更多的人知道枝子的花园民宿,徐老师把我拉进了他们小区的业主群,让我把平时写的东西、枝子花园的介绍及联系方式在业主群里发一发。

一年白露时节,我在业主群发布了一个招募采茶工人的启事,待遇是包接包送,工资可以用茶叶抵扣,也可以给钱。那段时间已经入秋了,采茶的工人因为秋茶价低,都不愿意采。我想着在神农架休养的退休老人们如果愿意来体验采茶,也能帮我们的忙。

发布几天后徐老师问我有没有招募到人,我说没有。过了一天徐老师又给我反馈:"我调研了一下,你没有在我们小区成功招募到人,是因为大家都不认识你,不了解你,现在大家的防骗意识很强,很多人都以为你是骗子。我和我们的业主委员会商量了一下,准备邀请你到我们小区来分享一下你的创业故事,介绍一下你的枝子的花园,也给你拓展更多的业务。分享的主题你自己定,什么内容都可以。"

每每在外分享枝子的花园,我的核心主题就是:枝子的花园,分享这片土地上的爱与温暖。

我在徐老师那里有没有把这片土地上的爱与温暖分享给她我不知道,倒是她给我了无数爱与温暖。

徐老师给我的感动远远不只这些。她把我当成她在神农架的一个女儿,每每讲起我虽略有担忧,但还是有些许自豪:"这孩子和我女儿差不多大,自己创业真的是太辛苦了。她因为对家乡的热爱返乡创业,在那么边远的山村把他们神农架的历史写到了民宿建筑中,让没有见过神农架传统建筑的孩子们知道了神农架的历史。了不起!就冲这个孩子对神农架的爱,我们都要全力支持她!"

在那次的小区业主分享会上,我谈到了我是一个大山里的孩子,小时候最大的梦想就是走出神农架大山。但当我真的走出去后,才发现在我内心深处,我爱得最深沉的地方正是我幼年时想逃离的地方。青年时候从故乡出发,人到中年才从世界回来。再次创业就不计成本,只为梦想,有展现神农架建筑历史的各种建筑元素,有追忆童年的老火塘,有为了能让自己吃上有机蔬菜的小菜园,有梦中的垛壁子牲口棚,有书屋和花园,更让我开心的是有吴总、徐老师、刘校长这样的长者朋友在支持我。

徐老师听到我的分享后,也给大家讲了她和神农架的故事。

"我家住汉口,父亲在省供销社上班,对接神农架,每年都要往返神农架多次,把神农架需要的物资用大卡车送进来,再把大山里的山货运出去。我小时候和小伙伴们在家里玩捉迷藏,或是藏在阳台后面,或是藏在阳台底下，在等待被小伙伴找出来的时间里就偷偷地在阳台角落里抓几颗神农架野生小板栗或山柿子。

"父亲对我说，那些野板栗、山核桃、山柿子是勤劳、热情、憨厚的神农架山里人为了表示对省供销社为他们送物资的感谢硬塞的。从小父亲给我分享的是一个神秘奇幻的神农架，而在我的记忆里，神农架是一个被野板栗、山柿子的甜蜜味道包裹的地方。后来我嫁给刘校长，他是五峰人，我成了山里的媳妇，再后来，养大了孩子，从工作岗位退休，我和刘校长就爱往山里钻。准备在神农架买房的那一天，我在养生佳苑单元楼窗口看到身后就是209国道，听见大卡车轰隆的爬坡声，我仿佛看见了父亲在山里工作的场景，我马上就定下了这套房。每年暑假来这里享受神农架的清凉，更让我觉得只要我在神农架，我就和父亲在一起。"

听到徐老师说看房的时候发现209国道就在房子后面，可以听见卡车爬坡的轰隆声，我原以为她会说好吵，要换一户离公路远安静的房子，没想到她说就是那汽车的轰隆声，让她回忆起自己的父亲在神农架建区时从武汉往返神农架的日子。她父亲工作的地方是神农架，回家和孩子们谈论的也是神农架，在这个武汉女孩子心中，即便没有来过神农架，也对此地充满了向往。当徐老师自己从一个小女孩变成孩子的外婆来到神农架时，她觉得父亲就在这里，所以和老伴刘校长在神农架买下一套避暑房。

与徐老师接触了这么久，我第一次完整地听说了徐老师和神农架的故事，虽然以前也听徐老师零星讲过一些。

虽然徐老师童年的故事离现在很远，但我在台下瞬间眼眶就红了。我想起外公跟我讲神农架不通公路时，我的老太爷从神农架宋洛乡出发到重庆大宁河背盐的故事。老太爷把家里打猎所得的兽皮、山里的香

菇、木耳背几天几夜去卖了再买盐背回来。路上还要防强盗土匪，夜晚找不到歇脚之处就找一个山洞，燃一堆篝火防毒蛇、野兽，驱寒保暖度过山中漫漫寒夜。

山里的人是多么感激供销社呀！武汉的供销社把山里的山货收回去，把山里人要的物资送进来。

我在外公外婆在山里的森林农庄住过，那是神农架典型的自给自足的生态循环农庄。牛、羊、猪、鸡、鸭、狗都自己养，猪粪、牛粪、羊粪还是玉米地的肥料，用现在流行的话讲就是碳水、蛋白质全部都有，还是绿色有机优质碳水、蛋白质。

唯一不能自给自足的是盐。

为了盐，神农架的山里人走出了一条茶盐山道，从神农架腹地翻过神农顶，经大九湖到重庆大宁河盐井。路上多有凶险，许多人有去无回，但为了一家人的生存，又不得不出发。我的外公家住在神农架最中心的腹地宋洛乡,那里山大人稀,只能指望卖货郎送盐,可是这样的亏本生意压根没人做。

徐老师的父亲给神农架送物资,那时山路的崎岖程度是现代人无法想象的。我是八零年代出生的,那时神农架209国道已经全线贯通十几年了,但父亲每次下乡①回来还是会抱怨进山的路不好走,一个几十公里远的山村,吉普车要开一天,坐得他痔疮都犯了,每次下乡对他来说都是一次酷刑。

我的父亲也是武汉人,是68届湖北林校的毕业生,他们全班同学毕业后都支援神农架,来到了神农架,这是伟大的奉献。作为家人,我们在日常生活中见证了神农架第一代林业人的艰辛。父亲生前极爱干净,受不了旱厕,每次下乡他都要忍受极度的身体不适。他在这种不适中一直呼吁着神农架的改变,他们那一代林业人为神农架的保护奠定了扎实的基础。

徐老师的父亲用大卡车运送进来的物资改变了山里人,让他们不用再千里迢迢去背盐。我的父亲用他的所学保护好了这一方青山绿水,我才得以在他极不喜欢的乡下干民宿。但等我的民宿建好,他已经长眠于神农架山野了,他的墓地对着一片大山,两山之间的平地便是松柏镇。妈妈请来的风水先生说这里风水极好,后人至少会是科级干部。

妈妈对此很满意。我的哥哥是医生,吃技术饭,热衷于运动健身,对工作的要求是治好病人而不是升官,自然对科级干部无感;姐姐在红十字会这样的群团组织工作,是不是科级干部对她也毫无吸引力;我是个个体户,发财可以,升官是毫无指望。妈妈就把希望放在了她的几个孙子身上。管他呢,都还在上学呢,这样的说法能讨活人开心也是极好

---

①父亲是做林业和动植物保护工作的,需要到森林腹地和边远山村,统称"下乡"。

的。每每去给父亲扫墓,我并不烧纸放鞭炮,在他墓前走走,看看远山和远处的集镇就好。

这片由巍峨的群山组成的叫神农架的地方越来越好了,它的好是无数神农架人的坚守,还有和徐老师的父亲、我的父亲一样的外乡人的付出换来的。如今交通、网络越来越发达,神农架名气越来越大,许多游人来到这里,我们乡村民宿也大有可为。土地是慷慨的,因为我爱它,所以也得到了它的爱,爱这种神奇的、看不见摸不着的东西与其他东西不一样,是给得越多,得到越多。

我爱神农架并愿意留在这里为大家打造一个乡村家园。正如我自己所说,民宿的初衷是分享这片土地上的爱与温暖,更是在这片土地上种植、收获爱与温暖。

没有什么比在我们民宿茶室的大落地玻璃窗前看窗外远山更让我心满意足的事情了。如果有好友来访,我们也会坐在这里,即使不讲话、不喝茶,单单是一起看远山大家都会很满足。

## 农民夜校,我也是学生

每当下雨的时候,村里就会上演动态国画风景大片。我可以坐在茶室的落地窗前什么也不做,就看云起云落,发呆。

下雨的时候不用采茶,田里的农活也干不了,大家都闲着。我拍点图片发到朋友圈总是获得赞叹声一片——山里真的是仙境呀!

自2022年民宿在村里开业火爆后,很多人都在改造自己家的民宿,期待能在旅游季挣游客的钱,吃上旅游饭。但真的开始做了以后,才发现做旅游接待和做农民不一样,怎样让游客找到你,找到之后怎么接待,这些都是知识空白。

旺季忙的时候村民来请教我,即使我疲惫不堪,也会打起精神帮他们想办法。后来我在下雨闲着的时候想,我们为什么不在大家都闲的时候把大家组织起来,一起搞一个农民夜校,让大家把经营中的困难问题提出来,我们一起解答呢?

我先是找了木鱼镇的统宣委员田维维说了我的想法。有事情找木鱼镇,这还是木鱼镇刘贤武书记支持我做民宿的时候,反复向我宣传的——不要把我们当领导,我们就是为你们服务的,有困难、有问题,给我们打电话。

我不爱麻烦人,电话一直很少打,但有一次,木鱼镇的统宣委员齐晨晨给我打电话,一阵有的没的家常话说完后她说:"枝子姐,你们在乡村做民宿，大的小的有的没的问题一定很多，有什么我们政府能帮忙解决的，包括您生活中的问题，您可以跟我说。几个领导班子成员都是男同志，您也不好沟通。我是个女同志，我们之间好交流，您和我说就行。"

齐晨晨调离这个岗位后，接她岗位的田维维也是第一时间给我打电话，我说："田委员，现在我们木瓜园民宿集群已经有一定的规模了，但是大家在经营的时候还是有一些问题。我们不是有个乡村旅游合作社吗？我想把村里的农民朋友、开民宿的业主聚起来搞一个农民夜校。夜校的第一课类似于开班，我们想请你过来，一是给我们加油鼓劲，二是你们帮我们合作社站台，有政府帮我们站台，在村民那里更有公信力，我们以后也更好开展工作，可以吗？"

"当然可以！"田委员回答得很干脆。

说干就干，定好了时间、地点和参会人员后，我重点联系了平时找我咨询比较多的民宿主，在村里的微信群发信息，邀请群里想开民宿的老板们、村民们一起开会。

我们之前在春季搞过一次农民音乐节。那时候我还没有太多经验，将音乐节选在一个晴天。那天厦门音乐协会的主席藏艺兵老师来民宿，我们想一起搜集一些神农架乡村特色小调和高山高腔。村民朋友都很给力来参加了，后来我才发现大家为了给我们的活动捧场，都是劳作了一天匆忙吃完晚饭赶来的。春季是我们的采茶季，天气好的时候大家要赶季节采茶。嫩芽一天不采散开就不值钱了，家里茶园多的连续好几天都得高强度工作。我们的歌王张万孝平日里的高腔都能唱到太阳那里去，那天的状态不好，正是白天劳动太辛苦的原因。

有了上次的经验，这次开会我把时间定在了一个下雨的夜晚。

大家都来了。田委员也冒雨在非工作时间参加了我们的旅游夜校，

辑五　民宿里的森林和云海

让我很感动。

没有人埋怨下雨天开会,尽管大部分人都是冒雨走路来的。今天木瓜园的路不再泥泞,而这一切都要感谢一个叫吴启华的人。我一直觉得木瓜园的路应该叫吴启华路。

十年前,木瓜园还没有一条摩托车可以通行的公路。当时,吴启华是村主任,年薪三千,是的,没错,是年薪三千。村里培养年轻干部,他被送去读了农业大学。大学毕业后他回村,认定要想富,先修路。

曾经木瓜园和渡饥沟几十户人家都靠着陡峭山路进出,因为路难走,大家没事不会走出去,更少有人走进来。吴启华申请要给这几十户人家修路,被回复没有此项目计划。

他认定要想富,先修路。

他找他的大学同学借了二十万元，发动村民出义务工修路。被批评修没有项目的路、破坏植被，他就从老百姓田里过。十年前，路都没有的老百姓，根本想不到这路上有一天会跑自家的车。村里的百姓即使住得很远，也是沾亲带故的。吴启华就白天修路，晚上带着人去和老百姓喝酒，酒到酣时，情到浓处，老百姓带着酒劲说："那路占我的田，那你挖呗！"第二天吴启华就带着挖机挖到那里，他怕夜长梦多，酒醒情消，村民反悔。

吴启华用借来的二十万元，发动群众，修了五公里的水泥路。路从春天修到冬天。

新年将近，路修好了。年薪三千的吴启华背负了二十万元的债务。

村民们说我们凑点钱去给他过个年。你三十我五十他一百，一共凑了三千多块钱，一半买了鞭炮，一半给吴启华过年。

后来吴启华的故事感动了很多人。有人说："不能让英雄流血又流泪，更不能让基层做事的村干部出力还欠款。"

这条路最终立项。后来，村里最早的民宿"维维的小屋"因为有路得以经营。再后来，有了苔痕溪舍这个国营民宿。再后来，有了枝子的花园。到现在，村里已经有二十几家民宿了。木瓜园成为神农架林区乡村民宿实验区。

2021年，六米宽的柏油路覆盖了水泥路。

2023年，木瓜园几乎家家户户都买了三轮车、四轮车，木瓜园的路与车，成了一道风景线。

已经从村委会辞去村干部职务的吴启华，在家做民宿、酿酒、制茶、带孩子。每天步行或骑自行车接送孩子上学。

那晚，吴启华也来了，就经营困难的问题，我们都发了言，比如进村的路有点陡，很多游客都被我们的路吓到了，甚至不敢走第二次。

这样的事情我遇见过一次。一年春节,一个客人来。上我们民宿的路虽然是六米宽的柏油路,但对于第一次开山路的游客,挑战性还是有的。客人说要在这里吃晚饭。那年春节小姨回老家去了,我们没有备餐,人手也忙不过来,所以让客人去红花小镇吃饭。客人直接说他来了就不走了,走了这条路他再也不敢开第二次了。春节期间周边的农家乐也不管饭,我们只能请客人退房。

第二年想让游客留下来,我们的餐厅被迫营业。大家提出的每个问题都是我们经营中遇到过的问题,因为我们同在一个村呀!

这时吴启华发表了不同的观点:"我和你们的经营理念不一样。在客人来之前,我就先说明我家路不好走,条件差。我也没有做高端民宿,就卖一两百块钱一间房,或者八十、一百块钱一个人。人家到我们农村来,我们有什么卖什么,不能丢了真诚。"

吴启华的话对我触动很大,一直以来我都是会点什么就想教给别

人,但一直沉默不语、不苟言笑的吴启华在那一刻让我明白,农村,还有太多太多我需要学习的地方。

很多人觉得我的经营能力、揽客能力比别人强。其实我们之所以能够开业三年还有回头客,正是因为我们真诚。

2023年11月后,森林中树叶落尽,一片寂静。木鱼旅游小镇在冬季滑雪季前和森林一样寂静冷清,很多民宿甚至都关门了,却依然有客人预订枝子的花园。

那是一个寂静的清晨,深秋的阳光在山里也因山里人不多懒懒散散地藏在云后,没把多少温度带给乡村。我路过我们村的两棵古树时,看到一个女孩带着一个板凳,撑起一个画架对着古树画画,一旁的男孩安静地在边上看着她。那个画面仿佛山中的童话故事一般美好、恬静。我没敢打扰他们的那份恬静,走开了,后来我真后悔自己没有下车给他们拍张照片。

等他们来了我才知道,原来正是因为人不多,他们怕枝子的花园倒闭了,所以特意来照顾我们的生意。他们说:"枝子的花园那么美好的地方,如果倒闭了,世上将再无枝子的花园,那将是我们这些早就知道它的美的人的错误。"枝子花园的客人有来度蜜月的,也有带孩子来玩的。一个又一个熟悉的面孔让我感动。我们是旅游区,原本就不是做回头客生意的,但一年又一年,我们的回头客、客人介绍来的客人越来越多。

原本团队的小伙伴们、朋友们对我做生意的真诚、坦荡提出批评,说生意不是这样做的。但当我们见到许多朋友回枝子的花园就像回家一样时,我不禁想问:对家人难道不应该坦诚吗?就像吴启华说的一样,我们农村,有什么卖什么,有什么我们就宣传什么,不能丢了真诚。

农民夜校的第一课,不仅是我和大家一起学习民宿经营知识的机会，我觉得更多的是我和大家交流的机会，互相学习。我一直想把我们木瓜园的乡村旅游合作社做起来。对于民宿这门生意，我们在神农架有天然的优势——有游客的流量，但这也是一个劣势，旅游淡季生意就不好了。

## 人应该生活在山里

以前在我们民宿做小工的一个大哥叫李相兵，约莫四五十岁，为人特豪爽。每次来上工都开着他的厢式货车。其实他家离我们家并不远，走小路十几分钟就能到。我开始以为他是赶时间才开车来上工的，毕竟夏季天亮得早，工地七点就开工了。后来找他借了几次车才知道他是为了带别的工友上工才开车的。

辑五　民宿里的森林和云海

每次拉东西找他借车,他从不吝啬。

印象最深的是我们民宿工程结束后结账。对自己村里的几位工人,我把仅有的资金分配了一下,先付50%,剩下的来年再付。蔡师傅是工头,工人都是他叫来的,看到我的分配方案他没说不行,和我商量着说:"李相兵家不欠债,你能否把李相兵的工资付给我,我到年底了要还债,你把给他的现钱给我,我好还债。"

我说:"那您得自己和李师傅商量。"

蔡师傅一个电话打去,李相兵欣然同意。

比起李相兵的豁达,干活从不叫苦叫累,他的老婆就没那么好了,她给我的印象一开始并不好。

他老婆叫刘世菊。每每在村里看到她,她不是在打猪草,就是在去打猪草的路上,也不知道她到底喂了几头猪。她满山开荒讨田种红薯、苞谷喂猪。

她喂猪倒不碍我的事,但有一天我真的被她惹恼了。起因是我们这里住了一个拍视频的团队,这个团队要给一个公司拍一个采茶的场景,于是就请我找几个采茶大姐来采茶,说好了拍半天200块钱。我们这里工地上小工工资一天200块,别人还不爱要女的,因为女的力气小嘛。200块只用工作半天,算是高工资了。隔壁汪嫂子帮我叫来了五六个采茶大姐。

刘世菊也来了,拍了不到两个小时,她就不耐烦地问:"什么时候结束?我要回去喂猪了!我家里还有老人要吃饭!"

导演是外地的,到这里找群演都靠我,我也是请隔壁嫂子帮忙找的人。我跟嫂子说:"人家工资给得不低,半天好歹也是5个小时,怎么还没搞就要回去?早晓得要喂猪就别来。"

汪嫂子面露难色:"她家里喂的确实有猪。"

汪嫂子安慰刘世菊:"等别人拍完了再回去嘛,来之前都说好了的。"

刘世菊说:"不是说的一会儿吗?怎么搞这么半天!"

在汪嫂子的劝说下,她总算配合完成了拍摄,但因为她急着要回去,导演只拍了两三个小时就匆匆结束了。

我对刘世菊的印象变成了情绪不稳定、干活不认真。

后来我才从村民口中得知,刘世菊是第一任丈夫病故后才和李相兵结婚的。他们家奉养的老人,不是李相兵的母亲,也不是刘世菊的母亲,而是刘世菊已故丈夫的母亲。

老人家的女儿就住在隔壁，但老人谁也不跟，就要跟着刘世菊这个儿媳。

李相兵和刘世菊结婚的时候，刘世菊就一个条件，要带着亡夫的母亲，待老人要和自己的母亲一样。

我经常从他们家经过，也会因为借车去他们家，如果不是别人告诉我，我是真不知道这位老人和他们夫妻二人都没有血缘关系。老人已经很老很老了，老得动不了了。她经常坐在院子里看茶园、看远方，我看着刘世菊和李相兵，还有他们的孩子在老人面前走来走去，老人慈爱地看着他们。他们在农村就是极普通的一家人，但他们的故事又极不普通。

我又想起那天刘世菊的暴躁："什么时候结束？我要回去喂猪，我家老人还没有吃饭。"

他们是山里很普通的一对夫妻。李相兵长得不帅，为人豪爽，刘世菊也年近五十了。有幸与他们为邻，我很幸运。

我曾经觉得刘世菊情绪不稳定、干活不认真，知道她的故事后却对她肃然起敬。每每从他们家门口经过，我都会对着院子里的刘世菊按一下喇叭，虽然我从未亲口对她表达过敬佩，但车喇叭替我说了——向刘世菊致敬！

枝子花园的招牌很小，挂在从乡下收来的老木头做成的垛壁子墙上，除了"枝子的花园民宿"七个字，还有"有家，有酒，有故事"这三个词。

2023年除夕，我们家很早就预订满房了。

我想起海南"海的故事"餐酒吧创始人蒋翔在和我们聊该如何对待客人的时候提出的一个观点：如果你的亲朋好友到你家做客，你一定要把家打扫干净，再拿出最好的餐食美酒招待你的亲友。做生意也是一

样，虽然你的客人与你素不相识，但他们一定是你的朋友。他们拿着钱到你家来吃喝，你不更应该把家打扫干净，笑脸相迎吗？

这句话一直影响着我。除夕在中国的传统中一直是阖家团圆的日子，是我们最大的节日。春节是个难得的长假，选择在春节出游的人越来越多，只要一家人在一起，哪里都是家。所以我提前给所有的客人发了信息，请他们除夕夜在枝子的花园吃团年饭。

也不知道是我统计人数的能力不行，还是有人多带了人来，除夕那晚的年夜饭，我们原本预备的两桌变成了三桌。开饭后，大家一起举杯庆祝，那一刻，所有人放下了陌生，七八家人在枝子的花园成了一家人，祝福声此起彼伏。我预备的黄酒喝了一壶又加一壶，所有人都沉浸在这顿他乡民宿的年夜饭里，所有的陌生人，在餐桌上都成了一家人。

年夜饭后还有更精彩的。我们设计了饭后包饺子环节，预备好了饺子皮和饺子馅，不过还是有北方的客人现场给我们擀饺子皮。更让我们意想不到的是我们的客人里面还有书法家，要给每位朋友送一幅书法"福"字，这叫"送福到家"。

那个场景过去整整一年了，现在回忆起来依然觉得快乐，用一句歌词形容就是：我们唱歌，我们跳舞，祝福大家新年好。

很多人问我住在山里会不会无聊，因为很多资讯、信息我都接收不到。但现在有网络，这些问题都可以迎刃而解。就资源来说，肯定是城市比山村好。我们村就没有高中，我的女儿在隔壁县城读高中，我不能日夜陪伴在她身边，遗憾肯定是有的，但我觉得在山中受到的身心滋养比在城市多。

现在我们人类所拥有的比四十年前要多得多。我们其实更应该放弃身外之物，住在山里面，和这些简单朴实的山民们一起，种一天地，采一天茶，或是下雨天无所事事，看看山外的云起云落。

人在山里面，人伴着山，不就是仙吗？

## Compilation 6

辑六 新媒体里的老屋?

## 什么民宿1700元一晚？

我们与很多网络平台也是刚刚合作，我对它们的定价机制不是很熟悉。

最开始，问题出在我自己身上，也不知道谁给我的自信，我把民宿淡旺季的价格定得一样。这样淡季没有人住，旺季房又不够，身边的朋友都说我们的定价太低了，建议我涨价。我对于淡季无底线地低价抢客、旺季无底线地涨价这件事一直是很鄙视的。

身边做民宿的朋友很多，对于我鄙视的事情，他们反过来鄙视我不懂民宿生意经，都劝我情怀可不能当饭吃。旺季就那么几天，我的客房也不多，一年的运营费用基本都靠旺季挣，不涨价民宿只能喝西北风。

街上和交通方便的景点附近多的是民宿、酒店、农家乐，有的房间并不比我们民宿差，淡季便宜卖，不求挣钱，只求保住工资和水电。这样旺季的利润才是民宿挣的钱，如果淡季不抢着低价挣点人工工资，老是用旺季挣的钱去补贴淡季，民宿一年到头就不挣钱。

冬季虽然是滑雪季，每年都会有滑雪的客人，但冬季需要取暖，热水的需求量也大，取暖和水电成本相对就高。期间还有一个春节，那是用工成本高峰期，要发三倍工资，客人没有夏季旺季时候多，价格也卖不起来。冬季滑雪虽说解决了淡季没人的问题，但小民宿在房间不多的情况下，只有靠涨价才能做到保本运营。这就是做小民宿的痛点，也是旺季涨价的原因：这是市场生存法则。你觉得你凭什么可以破坏市场法则？

民宿第二年的经营全部依靠网络平台来获客，我们和平台都有定价权和调价权。虽然很多平台告诉我主要的控价权还是在我们民宿主手里，但我们给出的基础价格一样，每个平台的预订价格却不一样，打电话去问，得到的答复是每个平台的活动不一样，时间长了我发现互联网有一个很强大的算法。

这个算法整合了实时数据，再对民宿的价格进行调节。2022年暑期旺季，我们的平均房价达到了1000元/间/晚。在我觉得这个价格高得离谱的时候，一位同行告诉我他们家房2000元一晚都一房难求。

我妈韦家秀十分好奇，她让我在一个不太忙的上午带她去看看一晚2000元的客房到底是什么样的。路上她充满了期待，这间和我们一样在山村里的民宿，到底是因为内部装修豪华还是风景秀美，能够卖到2000元一晚？我们卖1000元一晚已经觉得是很离谱的价格了。结果等我们去一看，大失所望。

这家民宿很普通，既没有豪华的装修，风景也没有我家好，它凭什么卖2000元一晚呢？

我对着不解的妈妈说，就因为旺季人太多，一房难求。

韦家秀沉默了好久，我以为她会说那我们也把价格涨起来，反正什么房间都能卖高价，可是她沉默了好久才对我讲："这么搞要不得。"

我的想法和她难得的一致。我们每天满房，我一直以为是因为我们的品质高、环境好，后来才发现是因为来神农架旅游的人越来越多了。旺季因为人多而导致民宿的价格高到离谱，经互联网的传播，对民宿的长期经营肯定是一种伤害。

对神农架的旅游从业者来说，2022年是非常值得怀念的一年。游客多，客单价高，很多从业者都很开心这一年可以挣到钱。要说挣钱我不开心那是假的，但我的开心背后还隐藏着深深的不安——这个价格高得不正常。

为了让游客感觉住一晚值得，我把之前做的茶旅和植物拓印课程免费加入了住宿的体验中。很多客人来是为了去景区游玩，不过夏季天黑得晚，客人回来后抓紧时间去采茶，我再教他们把采摘的鲜叶制作成茶叶的时间还是有的。暑期来游玩的孩子很多，很多和父母一起来的孩子就会说要亲手制作茶叶送给爷爷、奶奶、外公、外婆,和母亲一起来的孩子就会说要亲手制作茶叶送给爸爸。其实制作茶叶最考验耐心的步骤是采茶。茶的芽尖小小的,想采摘到可以制作的量需要极大的耐心,而很多孩子的耐心是不够的,但一想到可以亲手制作茶叶给家人,他们都动力十足。等他们采到足量的鲜叶,我再指导他们把鲜叶加工成茶叶。

一位在武汉做管理培训的台湾老师带着孩子来民宿。入住后她和我聊天,尽管她也觉得旺季旅游景点的民宿价格高是市场的正常现象,但她还是开诚布公地和我聊了我们的民宿和国内其他地区一些高端民宿服务的差距,指出了一些马上可以改进的点,比如花瓶的摆放、杂物的整理。我很感激她,和她聊了很多才知道她是一位民宿发烧友,特别是她有了孩子之后,每年都会带孩子去住世界各地的民宿。

等我告诉她我们家有茶旅的课程,可以在我们的茶园采摘鲜叶,我再教他们亲手制作茶叶的时候,她便开心雀跃地带孩子去采茶。在我教孩子们制茶的时候,就算只有三四个孩子,我也不会缩减流程。我带着孩子们认识中国茶,让他们了解中国茶对世界的影响,在炒制之前,我会对孩子们说:"今天就是我们共同见证一片神奇的东方树叶变成风靡世界的饮料的神奇时刻。"

除去采茶的时间,一两个小时的制茶课程让这位台湾老师对我刮目相看——枝子小姐,真的很对不起,我收回之前讲的话。我觉得你们的民宿有这么多的体验内容,真的很超值!我给孩子一个人报个茶旅课程可能都要房费这么多钱了,你做得很棒!得到了台湾老师的认可,我知道民宿+活动这条路我们走对了。

陆续有客人把我们民宿活动的内容点评发到网上,再加上我们民宿的高颜值和周围漂亮的风景,我们成为很多人来神农架旅游的首选住宿店。我听到到店的客人对我说:"要不是下手早,你们家的房我根本就

抢不着。"

还有一次一位客人给我发来确认入住的信息,她付款以后才发现她想定的是大床房,却不小心下单了一个亲子间,价格略微贵一点。我让她退了亲子间,重新定大床房,她给我发了一个哭的表情——这是我在网上蹲守了一个星期,好不容易才订到的一间房,我要是退了,肯定会被人抢走的。我不退,除非你帮我把大床房留好。我又去平台上看了那几天的订单状态,确实没有房间了。我说你把房间退掉,我把这间亲子间改成大床房的价格你再预订。她很惊喜也很惊诧地说:"老板,我不是这个意思,但你人真好!不过我还是很想住大床房。"

真的调不出来,对不起。

那时我的状态也不够好,白天很早起来服务客人,我的好朋友易荣(柠檬老师)来民宿帮忙之前,我不太懂得提前规划和管理。厨房和前厅沟通得不够，导致我和所有的服务人员都很累，特别是我服务完好几拨制茶的客人后，可能都深夜了。有一次，我在夜里被自己的电话吵醒，电话那头是想预订民宿的客人，我迷迷糊糊地听见她说："我真的很想住你们家，但1700块的价格还是让我有点犹豫，想来想去还是想打个电话问一下老板，价格能否优惠一点。"

我虽然在梦里，但一听到1700块，自己也被吓了一跳，回复说："我们家民宿1700块？我们家房子值不了那么多钱，你确定在网上看到的是这个价格？"

电话那头的客人说确定。

我说："你等着，我把价格调回去，我也不知道这破网怎么把我们的价格搞得这么高。对不起！"

等我把价格调回到1200块，客人又打电话进来了："老板，你不要误会，我没想和你还价这么多的，我只想让你便宜200块，我们是真的很想到枝子的花园来体验一下。"

我豪迈地说："不用谢，我们家破房子真的值不了这么多钱，谁给我们调的我也不知道，我没给您优惠，只是调回原价了，谢谢您的关照！"

后来，这个客人成了我很好的朋友，又给我介绍了很多客人。

每当很多人说我傻乎乎的，不是做生意的料，情商低的时候，我想我既然能收获那么多真诚的朋友，情商低就低吧，把时间和精力用在努力开发民宿体验课程上，挺好的。

2023年，因为2022年神农架旅游真的很火爆，又有许多民宿、餐厅和宾馆开业。

不同于2022年的炎炎夏日，2023年的夏季多雨凉爽，加上新开业了很多民宿，导致我们民宿的整体经营状况不如2022年。那年的"十一"

国庆节放了8天假,却下了9天雨。神农架这样的自然山岳型景观,天气很重要,一直下雨去景区的人就不多。

我在那段时间接到了湖南的15人需要6间房的预订咨询。

我可能是世界上最糟糕的客服。当这位来自湖南长沙的客户告诉我他要在"十一"假期期间预订我们家的6间客房三晚的时候,我告诉他天气预报显示神农架在"十一"假期期间会一直下雨,神农架这样的地方如果一直下雨就不太方便出去玩,建议他们换个地方去玩。

客人说他和朋友们商量一下再回复我。

过了一天,这位客人又来预订,我问:"您确定吗?下雨也来?"

我很诚恳地说:"我们家民宿只有9间房,鉴于"十一"黄金周游客多,客房少,如果您预订了后面因为天气原因退订,我的客房八成卖不出去,我不收定金的话,就会有损失,可要我扣掉您的定金我又于心不忍。我知道这几年挣钱特别难,谁家的钱也不是大风刮来的。"

他明确表示理解,并且发了一段话给我:"我们六家人都是好朋友。我们这几年都没有出去好好玩过了,所以大家一致决定无论今年的'十一'假期是天晴还是下雨,我们六家人一定要出门玩一趟。我们是在网上查了很多攻略之后选你们家的,小红书上说在你们家就算不出门,风景也很好看,最重要的是有小孩子玩的。只要孩子玩得住就行,我们大人只要有茶喝、有饭吃、有酒喝,在哪里都待得住。放心,我们一定来。"

他发来的这段话很质朴,我看到后眼泪一下就流出来了。谢谢大家对我们的认可,这两年大家也真的都不容易。

我们在好赚钱的时候没有只盯着钱,主要是觉得民宿产品应该物有所值;在别人赚大钱的时候我们没有眼红,更没有放弃心中的坚持。最终我们被发现并得到了大家的支持。这个世界上太多人愿意为情怀买单了。

  天气预报很准,"十一"假期期间一直下雨,很多民宿、酒店的入住率只有30%,但我们的民宿在假期期间几乎天天满房。在枝子的花园,越是下雨天,风景跟着雨和云雾就越发美。在茶室看山间的云起云落,喝茶聊天,成年人的一天很美好。

  孩子们做手工,热热闹闹,吃吃喝喝。

  这样的人间烟火气,热气腾腾地蒸腾在云雾缭绕的乡村里。

# 啥是小红书？

一直都记得我们在携程上的第一个订单是三个女孩子相约来神农架滑雪。来到我们的民宿后她们非常满意，但她们还是非常犹豫地问了我一句："老板，我们在小红书上找了好久，发现小红书上没有你们家的任何评论，就很犹豫，差点就放弃了。"

我很惊诧："为啥？"

女孩子说："因为小红书上没有你们家的评论。"

我又一惊："啥是小红书？"

作为一个80后，我也比较爱上网，我听说过小红书App，但小红书App具体是个啥，我还真的不知道，也从未用过小红书。

我逗她们："小红书是个什么书，当当网买得到吗？"

三个女孩子哈哈大笑，然后给我科普："小红书最早是做海外代购种草的。后来很多女孩子喜欢上小红书，分享一些美妆、海外生活，因为喜欢的女孩子很多，小红书就成了女孩子分享生活、经验和种草的App。我们都特别喜欢小红书，因为它是一个特别好的种草App。"

"种草App？种的什么草？我主要种花，但我家也有些草，不多。"

听着我毫不沾边的聊天，三个女孩子笑得腰都快直不起来了。一个女孩一边笑着拍左右女孩的背，一边忍着笑对我说："枝子姐姐，这个种草的意思是给别人安利一下。"

"安利一下？我以前有好几个朋友是做安利的，不知道现在还做不做。"

一个女孩笑了半天，捂着嘴说："枝子姐姐，你是猴子派来搞笑的吗？"

她们接着问："枝子姐姐，你是哪一年的?"

"81年的，怎么了?"

"枝子阿姨好！"

"再这样叫房费翻倍，不给早餐吃！我这里下到刚会说话的小孩，上到八十八岁的老人，都是统一叫我枝子姐姐的！"

三个90后女孩笑得前俯后仰，确定我就是猴子派来搞笑的。

我就纳了闷了，我也上网，手机里也有各种App，当下最火的新闻我都会关注，关键是我还一直读书，读微信公众号，自认还是跟得上潮流的，但别说年轻人喜欢的内容了，就连他们喜欢的平台我都不了解。怪不得女儿总是说我和她有代沟，原来她们用的语言、沟通的方式和我们完全不一样。

我很快下载了小红书，小红书分享的大多都是与美有关的文章，除了美妆护肤，还有美食、美的场景、美的体验。试问哪个女生不爱美呢？用小女生的话说，就连我这个中年大妈都被小红书种草了，更何况小女生们呢？

在小红书上种草，我理解的就是换一个平台发宣传片，所以我就随心所欲地像发朋友圈一样在小红书发民宿的宣传。

这样做也是有好处的，至少别人再去小红书上搜索枝子的花园民宿时，还是有些内容、图片和视频可以看的。住我们店的年轻人多，又有年轻人给我们出主意："老板，小红书主要是年轻人种草和安利的网站，你自己说自己好，这个算是硬广，有王婆卖瓜之嫌，你应该邀请住过的客人,让喜欢分享的客人帮你在小红书上种草,这样能打动很多用户。"

这时我们民宿很多地方拍照很出片的优势就出来了,但我是那种请别人给个五分好评都不好意思的人,更别说麻烦别人发小红书了。偶尔我也会请客人写评论,但主要还是客人自愿帮我们发小红书。

有了自己"朋友圈"式的小红书和客人"种草"的小红书,很多人开始在小红书上咨询我订房信息。但小红书不能发联系方式,我就因为发了民宿的联系方式被关了"小黑屋"好几个七天。"关小黑屋"是一个网络用语,就是将我的账号禁言了,七天不允许发内容,也不能回复别人的问题。

找了一圈人问,说是要在小红书上开店才允许发联系方式,但当我准备在小红书开店时怎么都走不完正常流程。我又在网上找小红书的客服,始终没有找到正确的客服热线。相比于小红书,我手机里每天都是"抖音活动""抖音团购"商业培训,抖音官方也多次派出工作人员,手把手教我们如何在抖音上开店,怎样获客。

2024年春节我没有看春晚,我从短视频渠道知道了小红书做了春晚广告,可能下一步就会有商业布局了。怎样在小红书上推广民宿,这对于我来说还是一个正在探索的课题,慢慢来吧。但如果真的能够和不用动不动就被关"小黑屋"的正规渠道合作,我还是很期待的。转手我就参加了秋叶学院的"小红书训练营"课程。2024年春天神农架下了很大的雪,我找了一个避风的地方打开手机听课。

时间宝贵,互联网时代更是如此,学习要永不止息。

# 什么是不讲武德？

我不知道你是否和我一样，在某个时刻感觉自己与周围格格不入。虽然我不知道小红书，但我知道抖音。

曾经有几个月我狠心与抖音挥手告别，为了对抗大脑不再考虑我的健康在我看十几秒或者一两分钟的短视频时间里分泌大量多巴胺，使我的左手不知疲倦地一直拿着手机，右手的大拇指、食指、中指不停地划动，甚至在吃饭三个指头都很忙的情况下，小指、无名指都不受控制地看完一个划一个。十五秒、三十秒、一分钟在人生的长河中是何等短暂，一个叫"抖音"的App在人类文明历史长河中也不算什么拿得上台面的发明，但那些几十秒、几分钟，在某个当下就是我生命中唯一的几十秒和几分钟啊！令人费解的是，就是那几十秒，在我手指不受意识控制的上下划动中，我可以轻易地在被窝里度过一个上午，对户外明媚的阳光、美丽的自然视而不见；就是那几十秒，我可以坐在椅子上、躺在沙发上，两耳不闻窗外事，拿着手机对着与我毫无关系的他人的搞笑时刻、家长里短认真地品头论足，对着与我观点不同的人唇枪舌剑，与我觉得是奇葩的账号针锋相对，恨不得把别人在网上发的所有视频扒出来，戴着自己所谓的道德眼镜把别人的瑕疵放大检查，只差打110报警抓他们了。晚上就更精彩了，对着手机里的几十秒、几分钟情感故事潸然泪下，觉得几十秒就看完了别人的一生，感动不已，浮想联翩，一边刷,一边看看时间,不知不觉就12点了,心里告诉自己,看完这个几分钟的视频就睡觉,手却不受控制地滑向下一个几分钟。抖音的内容无穷无尽,大脑始终在告诉我,下一个视频更精彩。日日都是一两点实在困得受不了了才关了手机闭眼秒睡。

我觉得我的下半生都会沉溺于此,人在方寸之间,通过抖音尽览天下奇葩事。

当我度过了感觉信息满满当当的一天,再强制复盘的时候,我却记不住我认为的那些重要的信息。不知不觉顺走了我一个个上午、下午和夜晚的短视频,到底让我学会了什么?享受了什么?得到了什么?它们仿佛把我拽进另一个光怪陆离的世界,然后我又被强行喂了遗忘的强力药丸,我感到疲惫、恍惚和自责。

我是一个超级不自律的人,不用手机是万万不行的,那就把看短视频的App抖音卸载掉。

2021年底,我参加一个大型接待活动,和导游同事们一起聚餐的时候,我看到一个90后的手机壳上印着的四个艺术字很抢眼——不讲武德,看得我莫名其妙,我问同事:"什么是不讲武德?"

我这个问题一问出来全桌哗然,上一秒大家还在恭喜我有了自己的民宿。这一桌都是和我一起在欧洲奋斗过的领队同事,因为这几年出境游限制,大家基本都在家失业一年了,也都尝试过其他行业,但还是觉得做领队和导游是最优选。当时的旅游市场还未完全复苏,职业道路前途渺茫,倒是我另辟蹊径,这两年折腾出了个民宿。让我难以想象的是,当大家听到我对"不讲武德"一脸懵的时候,居然全体懵了。偏偏我又是个好奇心极强的人,到底什么是不讲武德?大家越是不说我越是觉得奇怪,后来这位90后同事说:"回去问你姑娘吧!"

一回到家,我就迫不及待地问周末回家的女儿:"路得,啥叫不讲武德?"

叛逆期的女儿看到忙碌得没时间管她的老母亲,通常都是没有好脸色的,见我一看见她就问这个问题,愣都没愣一下,哈哈大笑了起来。

陆姐看见我愣着,女儿哈哈大笑着,笑着问我们怎么了。

我说:"我问她什么叫不讲武德,她就笑了。"

陆姐也笑了。我说:"笑什么呢,快告诉我什么叫不讲武德呀!"

两个人笑弯了腰,我见她们两人笑得开心,我也跟着笑,笑得莫名其妙。

设计师老吴也来凑热闹,问我们笑什么,我把事情的前因后果和他讲了一下。老吴是个听人讲话特别认真的人,但听到"不讲武德"四个字,还是没忍住笑了,接着说:"马保国说的不讲武德。"

我说:"马保国是谁?"

"你自己上网搜呗。"

原来马保国自称武术大师,打败过无数冠军,"约架"一位无名搏击教练,仅半分钟就被击倒三次。事后马保国说的"年轻人不讲武德,劝你耗子尾汁(好自为之)"被网络传得满天飞,竟成为网络流行语,让我感觉有种年轻人吊打"老一套"的满足感,怪不得我问年轻同事"不讲武德"是什么意思时,同事让我回家问我女儿,原来是说我老了,out了,已经和互联网世界渐行渐远了。

女儿听设计师给我详细解读"不讲武德"事件后,只说了一句话:"妈妈,我劝你还是把抖音装回来吧,不然这个世界发生了什么事情,你真的不知道。"

从内心来讲,我真的不是很在意这个世界到底发生了什么事。但民宿的未来一定是与外界息息相关的,于是我把抖音重新装了回去。

虽然我把抖音重新装了回去,但我并没有在抖音上积极宣传民宿,还只是像发朋友圈一样发抖音，只不过文字、图片换成了视频。短视频宣传的逻辑我还没有读透，但抖音为我们带来了更多的客户是毋庸置疑的。

抖音、小红书都是互联网平台，怎样用好这些平台呢？只要与朋友们一谈到这个话题，大家都会说："枝子，你是作家，搞宣传你肯定在行。"其实写作和视频展示虽然逻辑有些是相通的，但表现方式截然不同。

这个世界在飞速地变化，一个八卦信息我知道与否并不重要，重要的是我们可以在抖音、小红书获客。连住过我们家的客人都觉得老板娘不会做营销，如果枝子的花园倒闭了，世上将再无这样美好的地方。不就是上个网、拍个视频发个抖音、小红书吗？这应该难不倒我们40+的小阿姨吧？

## 老火塘熏肉与网络直播

焦虑的时候我会刷一刷抖音,看到不少"三农"博主在直播卖腊肉。我们有多好的老火塘啊,可以熏一些腊肉卖呀。

我们的老火塘足够老,五十年的烟火气息已经让黄土墙满面黢黑,油光发亮。我们在火塘上方用钢铁和犁地的爬犁焊接的一个挂腊肉的架子承重力好,火塘也足够高,搭建时老吴说如果我生意好要多熏肉,一层挂不下,我可以直接往楼上加。

说干就干,老乔帮我联系了一个山上养猪的农户,我们杀了3头肥猪,预备腌肉、熏肉。

这是我第一次独立熏腊肉,以前我在农村买过猪肉,但那次养猪场的主人顺便就帮我熏好了,还帮我把肥肉、板油都熬煮成了猪油。

杀猪是我、老乔、我的初中同学冯爽、我的朋友重阳我们四个人一起去的,就在养猪人家里请杀猪匠杀了猪,把猪肉按照习惯分块。那时我们四个人谁也没有腌肉、熏肉的经验。我只好打电话问妈妈,妈妈电话教我怎么用棕榈树的叶子做拴挂腊肉的卯子(绳子)。我又请教邻居如何腌肉,邻居说十斤肉三两盐,腌肉比例要记好!陆姐请她丈夫在家给我们砍了满满一车香柏树枝,说用香柏树枝熏的肉香。

等肉腌好,老乔和重阳就帮我把三头猪都挂到了火塘上方,我迫不及待地点火熏肉。妈妈知道我的操作后顿时火冒得比我熏肉的火焰还高——那个肉是要挂起来滴干了水再熏的,不是腌好了就熏的!

所以那年我熏的肉是黑黢黢的,湿肉容易吸附黑色灰尘和浓烟,不好看,但吃着是真香。我们是外来户,在这里没有自己的柴山,只能去找周围的老百姓讨柴。隔壁蔡家安说他有两个树蔸好熏肉,要我们自己去山上拖回来,我请老乔、重阳拿着绳子把大树从山上拖下来,花了一整天的时间。隔壁老王砍了一棵板栗树,他只要中间的主干,剩下的枝条全部给我们熏肉,我就一点一点地用柴刀砍下枝条抱回火塘。柴基本都是厚着脸皮找老乡们讨的,他们也说只要有力气,我们可以自己去山

里捡，只要不拿刀砍，捡多少都行。柴的问题解决了，我日夜待在火塘边，添火加柴，腊肉香味出来的时候，我感慨自己活了半辈子，终于找到了自己最喜欢的味道——烟熏腊肉味。

购买腊肉的客户主要是朋友圈的熟人：一是一些习惯吃老家的腊肉，但在城里不好熏制的一批人；二是看到我创业不易，单纯想照顾我生意的人。

熏了三年腊肉后，我现在已经熟悉猪身上每个部位的肉了。但直到今天，我们的直播卖货还是没有干起来。想当初为了直播，买设备花了好几千，还专门在火塘牵了网线，重新买了一个路由器。每每我直播，直播间都只有三两个人，还都是熟人，就越发不想坚持播。再到别的直播间看看，我越发觉得网络直播这件事都是套路，让我越发抵触网络直播。

好朋友王江霞却不这么看。2022年新东方集团的董宇辉火了，在江霞心中，她觉得我和董宇辉的风格很像，觉得我们是那种读过很多书，而且有自己想法的人。她一直鼓励我直播，但每每到民宿看到我里里外外处理那么多事，她就把想说的话埋在了心底，我在前面奔跑，她在后面助力。

2023年11月，助农主播谷哥到神农架，看了神农架六镇两乡的风景、环境，最终选定在枝子的花园民宿开直播。那是我最近距离的一次接触网红。谷哥本名徐志新，是黄冈市的一位返乡创业新农人，原本做乡村旅游，后来在网上卖山货，为大别山卖出去了许多滞销农产品。当他们决定卖神农架山货的时候，我心里还是直犯嘀咕。比如我们的中华小蜜蜂的蜂蜜，单价在150元/斤左右，比市面上的意蜂蜂蜜价格高出好几倍。我心中的直播卖货都是价格低到9块9还包邮才有人买，现在卖这么贵能行吗？

谷哥直播现场让我大跌眼镜,很多农户请谷哥卖的蜂蜜几分钟之内就被"秒光",更让我惊诧的是谷哥在帮农民卖货的时候,会问一下农民的家庭情况、产品价格,然后对网友们说:"我们再帮一下他们,加一点邮费吧!"

我第一次见到谷哥这么真诚的网络主播,也见识到了他和他团队的勤奋、敬业、认真。谷哥的成功仅仅是他们团队抓住了网络直播的风口吗?不是,是他每天真诚地对待农民,被真诚的网友们看见了,赢得了网友们的信任。

而我面对网络直播的困难就直接退缩了,还美其名曰网络不真诚。

我是80后,对网络不算陌生,但我用网络更多的是查找信息。我虽然每天手机不离手,但使用最多的手机软件是微信——联系朋友、看微信公众号的文章、刷刷短视频,看见美丽的风景就上传短视频。现在直播卖货是大趋势,虽然我也没太搞明白如何获取资源,但这是趋势,干就完了。

## 冻雨回家记

2024年2月3日，湖北已经发布了冻雨预警。对于从神农架来、见过神农顶常年积雪的我来说，我并不认为冻雨这条预警会影响我接下来的行程。我们神农架的神农顶，每年的冰雪期有半年之久，乡野森林的积雪我再熟悉不过，冰雹雨雪，从来难不住山里的人。

在枝子的花园民宿带动了许多红花坪村的村民也做民宿后，无论是村民，还是神农架党委政府，都给了我很多嘉奖和鼓励。2023年元月，为了表彰我在乡村振兴中起到的带头示范作用，我被推举为湖北省政协第十三届委员会委员。任期5年，此后每年农历新年前我都会到武汉参加湖北省政协会议。2024年是湖北省第十三届政协委员会第二次会议，2月2日在武汉闭幕。会议闭幕后，女儿放寒假也想到武汉转转，所以我们准备在武汉多停留一天，2月4日再回家。

2月3日，武汉的好友张李娟正在带我和女儿看黄鹤楼、逛小吃街。武汉的冷风刮在没戴帽子手套的我身上，我一直嚷嚷着这比神农架冷多了。我在购票App上看到第二天武汉回神农架的高铁票全部只剩站票了，而且这些还有站票的车次都是每站都停的慢车，平时两个半小时的车程现在都要三个多小时。张李娟说我可能很少出门，现在是春运，能买到票就不错了，就别挑是快车、慢车，还是坐票、站票了，有票就赶紧买吧。于是我买了慢车的站票。

王双华王姨知道我和女儿到武汉了，一定要接我和女儿去她家住一晚，茅老师也一定要请我们吃饭。

王姨是第一个给我们的乡村图书馆募捐的人，不仅如此，她还把她的积蓄借给我搞建设。她是土生土长的武汉人，退休后因喜欢神农架的自然环境，每年有大半年的时间都会待在神农架。夏季有很多在神农架避暑养生的人，而王姨主打修身养性。她种植花草，喝茶，热心地给新来神农架的伙伴们介绍如何在神农架生活，被神农架的武汉避暑圈人称为"神农架通"。她知道哪里买菜新鲜便宜，我这个"土著"都不知道。王姨呈现给我的是时间自由、财务自由的退休生活。喜欢花草就养，喜欢喝茶就潜心学习茶艺，买喜欢的漂亮的茶具。她在神农架买的一套避暑小公寓我去过，不大。我去的那天阳光很好，她的小公寓里刚好有一个透得进阳光的小天井，她铺上洁白的雨花碎石，一丛绿色竹子安置在天井中。白与绿，阳光与自在充满了狭小的空间。功能区、生活区都布置得很精致，狭小的房屋里到处都是细碎美好。

王姨热情地邀请我和女儿去她家住，当我走进王姨家时，内心深处的感动在某个刹那凝聚，湿了眼眶。

王姨在武汉的房子和在神农架的房子一样，很小，加上厨房、洗手间也才三四十平方米。狭小的客厅中央是茶台，茶台边是古琴桌，上面摆放着一把古琴，王姨最近正在学习古琴。古琴上方挂着的是被她裱得古色古香的十多年前她去张家界旅游时买回来的手工刺绣梅兰竹菊，一下把整个屋子的艺术气息拉得满满的。

厨房边的柜子和冰箱错落有致地形成一个小区域，上下全部摆满了鲜花。茶台上都是她最喜欢的茶具，每个小杯子她都记得是怎样被淘回来的。

客厅边的厨房虽然小，但厨具样样俱全，什么都不缺。

洗手间也小小的，空间主要被木制泡澡桶占据，旁边是智能马桶，洗手间虽小却精致。

卧室就更简单了，除了照片墙、紧挨墙打的大衣柜、置物柜和床，就只剩下一人走的通道到小阳台。小阳台是王姨晒太阳和运动的小空间。

家虽小，但家里摆放的每一样东西都是自己喜欢的，请进家门的人也是自己喜欢的，和家的大小无关。我一直以为王姨在武汉会住大房子，不然也不会一知道我和女儿一起来就力邀我们到家里来住，等我来到王姨家里我才知道，她邀请我们是因为在她心里，早已经把我们当作了她的家人。

我做领队的时候走过无数的国家，遇见过无数美好的事情，住过无数的酒店、民宿、客栈，也曾住过很多朋友、亲戚的家。在武汉求学时去汉口小姑家住。她们的房子真的可以叫作鸽子笼，但每每我们全家到武汉都是挤在她的鸽子笼里。床是用隔板隔出的"二楼"，女眷统一住二楼，男士们则在一楼木地板打地铺。小姑总能在走道中的厨房里做出世上最鲜美可口的佳肴。年少时因为亲情我并不觉得局促，反而感叹这种设计无论再添多少人进来只要分了男女都能住下。那种艰辛在我的记忆中从来都不是艰辛，而是温馨。

王姨的家里也充满了这种浓厚的温馨，王姨安排我和女儿睡她的床，我们一起换了干净的床单被罩，她则给我展示把茶桌的飘窗凳拉开就是一张小单人床的奇迹。王姨打造了这份温馨，在冻雨落在武汉的那天，为我制造出让我难以忘怀的温暖。

茅老师坚决要请我们吃饭。因为冻雨让道路结冰，我坚持要改期，茅老师殷切地打了好几次电话，说除了想见我，也想见我的女儿。我确实担心茅老师出门走路不方便，但茅老师再三说她找的地方就在汉口火车站边上，那边的路上没有冰。

茅老师这么热情，我们也只好应邀前去。王姨给我准备了一大袋在火车上吃的零食、水果。知道我们买的是站票，还送给我们两个折叠小马扎在车上坐。

茅老师选了一家广东养生菜馆，几道菜不但健康清淡符合老年人的胃口，还美味。有一道马蹄鲜肉蒸梅干菜真的好吃，我回家就一直想复刻，无奈木鱼镇没有新鲜马蹄卖，只好作罢。吃饱喝足，我们就道别去了高铁站。

到了高铁站才知道很多动车都因冻雨晚点。我看了我们买的车次，汉口站首发，我心中窃喜，这首发站应该不会晚点吧，结果去站台一问窃喜就没了，所有车次全部晚点，汉口站里全是列车晚点的乘客。

那天还有武汉的客人预订了民宿，说是乘动车到，我们也安排了司机接站。看到汉口站的情况我直接与客人联系，请他们退掉预订，取消或是推后行程。她们犹豫再三，终于通过各种渠道看到了冻雨对交通的影响，取消了行程。

走之前王姨问我路上喝什么，我没带水杯，就说喝矿泉水，她惊呼这么冷的天怎么能喝冷水，于是给了我一个红色保温杯，应我的需要加了一片陈皮。在汉口站候车的时候，我慢慢消化着茅老师请吃的大餐，喝着王姨准备的保温杯里的陈皮茶，有热水，肚子饱饱的，晚点也不焦虑。

等了三四个小时，终于发车了。大部分人都没有座位，一个独自带着一岁多孩子的奶奶也被迫挤在车厢里，被一个大哥换到了一个好站的地方，还好她带了婴儿车。

所有人都没有怨言，这样的天气，能上车就好。人挤着人，站的多，坐的少。

到了襄阳站，有了座位。我们也饿了，拿出茅老师给我们打包的沙拉，沙拉里是油条包虾仁，可真是饱腹又可口呀！

一点的动车，折腾了七八个小时，硬是到晚上八点才到站。还好，我们回家了，回到了枝子的花园。

# 民宿在村里到底是卷着过，还是躺着活？

高铁给我们带来了更远的客人，这确实是民宿主和旅游从业者的福音。自从文旅结合后，我们旅游人考虑更多的应该是文化属性。从2022年董宇辉直播火爆到新东方教育集团转型农业、文旅，从助农入手布局旅游，可见文化、农业、旅游三者结合的魅力。

2023年，淄博烧烤火了；2024年元旦，哈尔滨无底线宠溺游客火了。2022年夏季，神农架一房难求，但到了2023年，这种现象不常见了。我们的民宿靠着采茶制茶、蓝染等游客体验项目，勉强能维持水电开支和人员工资，但也是举步维艰。

很多滑雪、赏雪的游客不远千里也要去一趟哈尔滨。相较于来神农架，去哈尔滨的交通成本一定是更高的，那是什么吸引大家去哈尔滨的呢？这才是我们要思考的问题。

在旅游淡季村民朋友都是比我忙的。每年3月到5月，是茶农们采茶忙的时节，很多茶农都拜托我帮他们卖茶叶、蜂蜜，大家都说我们民宿的客人多，土特产一定好卖。这些忙我都乐意帮，但我一共才9间房，就算客人再多销量也是有限的，怎样帮大家把农产品卖出去呢？带着这个想法，我在村里四处走访。

我是2018年来到木瓜园赁居的。神农架的山区村庄跟平原村庄比起来，人居住得很散。就拿我们木瓜园来说，也就二三十户人家百来口人。我们整个红花坪村也才一百多户七百多人，在神农架算是人口大村。我们有上千亩茶园，木瓜园的海拔、日照使得木瓜园茶叶的品质首屈一指，但大多数茶农都在做最苦、最累、收益最低的基础工作——售卖手工采摘的鲜叶。

我最初想到乡村做民宿，是想做"李子柒"式的田园与花园中的家，利用乡村美学营销乡村。现在梦想实现了一半，已经有了田园与花园，还有茶园。但前两年我的心思都用在经营民宿的具体事务上了，民宿的美学价值还没有完全发掘出来。

我期待在2024年做一个乡村美学体验中心，让采茶制茶、植物染、蓝染等游客体验项目都有专门的空间来开展，除了可以接待我们民宿的客人，还可以接待研学、旅游团队。

中药材的辨识、炮制是神农氏来神农架搭架采药的初衷，神农氏在神农架留下了无数传说，神农采尝百草是每个华夏子孙都知道的故事。在乡村民宿中，我们让游客不再仅仅用耳朵去听故事，而是用眼去看，用手去摸，用心去学习，去体验老祖宗给我们留下的非物质文化遗产。

2024年初，"枝子的花园"民宿被文旅部验收合格，被评为全国乙级旅游民宿，是神农架首家获此评级的民宿。这份国家级的荣誉来之不易。

拒绝精神焦虑和无效"卷"，正如作家陈应松老师教我的："写作就像卖土特产，这片土地有什么，你就卖什么。乡土有什么，你就写什么嘛。写些别的地方没有的、看不见的东西。"

等我写到近百万字时，有些文章陈老师比较满意了，他又开始循序渐进地教导我："枝子，你现在不要做开荒的事情了，写作你要像挖井一样，要向深处挖，把大山的故事内核和精神挖掘出来。"

在我看来，做民宿、做乡村振兴也是这样。

枝子的花园做到了,用神农架特有的建筑讲神农架的故事。

接下来,我要卖乡村特产,要用乡村文化为农、文、旅结合掘一口深井,把山外的人带进来,把山里的特产卖出去。

不焦虑、不内卷,向内深挖我们这片土地上的爱与温暖。

# Attached: Journals of the Field

# 附：田园记事

## 枝子战野草一：神奇之力

枝子的菜园曾被野草牢牢占领，牛筋草、牛膝菊、野苋菜、茜草、狗尾巴草、小蓬草、商陆……即便此刻我没有面对我的菜园，对部分野草的种类我也能如数家珍。它们的数量之多、生命力之顽强，对我的菜园眷恋到死皮赖脸的程度，最后神奇地被一个人打败，可以算作今年我生活中的一个奇迹，我不得不聊聊我与这些"对手们"的故事。

薅、拔、砍这几个字眼听起来就很野蛮，甚至"砍"字还带有几分血腥味，但这三个字几乎对野草都无甚影响，或许是这些野草压根不认识字的缘故吧。总之，因为它们不知道人类文明中的厉害，也就不用害怕这些厉害。

它们总有办法见缝插针地传播种子，你任何一个疏忽，它们就会在不经意间出现，比魔术师刘谦还要快。

它们或许知道我对土地的特殊情感，不论我怎样薅、拔、砍，用再野蛮的方式除去它们，我都不会使用农药。这也是一个读书人为啥疯了要来农村租地种菜的原因，中国人对土地特别眷恋，仿佛土地就是为了种菜。其实每年租地的钱都够买许多菜了。

我就是会对土地长出植物、植物开出花朵、花朵结出果实这种事情着迷。土地，我们赖以生存的土地，怎能给它喂毒药呢？所以无论什么人给我宣传除草剂与农药的好处，我都会告诉他们，不使用除草剂和农药是我的底线。

野草比那些能吃、能做成食物的植物更知道土地的滋味，它们不但牢牢占领了我菜园周围的荒地、荒坡，还威胁到我菜园的中央地带，它们曾在一两年的时间里欺负我这个声称是女汉子的读书人，虽然我可以单手轻松负重20公斤，但对这些死皮赖脸的野草却无能为力。原本我觉得自己很无能，后来听戴建业老师解读陶渊明"种豆南山下，草盛豆苗稀"的诗句解救了我，戴建业老师说："我要是种田种到他那个样子，我绝不好意思写诗。别以为陶渊明很懒，他很勤快的，因为他还说'晨兴理荒秽，戴月荷锄归'。"所以我对我的菜园被野草占领，还颇有几分得意。

周围邻居会说几句"枝子死懒刮懒"的话，他们会当着所有除了我以外的人说，不过总会有一两个人把这件事当作笑话讲给我听。"死懒刮懒"是一句神农架方言，我写的时候查了一下应该用哪个"guā"字，后来查出了"刮毒"，指尤其狠毒。那"刮懒"也应该是这个"刮"字，指尤其懒。我想他们虽然过着陶渊明笔下的生活，但一定没有读过陶渊明的诗，所以不能理解我的勤劳。

我经常会收拾我的菜地，和每一位盼望不久的将来可以有所收获的农民一样在春天种下辣椒苗、西红柿苗、西瓜苗、丝瓜苗、冬瓜苗、茄子苗，点下黄豆、南瓜、黄瓜、四季豆、刀豆，还种了韭菜、萱草、洋荷。总之我三分地里的物种还是很丰富的。

除此之外，我还收拾出了一小块地方作东方香草园，种下了荆芥、紫苏、藿香、薄荷、小茴香、大茴香、川芎、葱、大蒜共九种芳香植物，这些植物老外叫"香草"，中国人叫"佐料"。虽然叫"中国佐料园"最为贴切，但总感觉有点不上档次，所以我称之为"东方香草园"。传统古老的东方香草在神农架很多地方还坚持被种植使用，是我们的一大特色，但一直没有人提这个事。我种了，想写一篇文章，但一直没动笔。

扯得有点远了，说回我的菜园和与我战斗的野草。它们受到的第一次重创来自我妈。

今年春天我妈和两位亲戚来民宿采茶，实在看不下去我的菜园了，三位都年过六十的老人，三两下就把菜园里的野草，连同一些我认为非常名贵的花草一起处理了。

我认为这些曾经种过地的人身上肯定有一种神奇的力量，这种力量会让野草感觉到——这家的菜园不是好惹的，于是有多远就滚多远，所以这些人的菜园里就没有野草杂草。不要以为我在给我的懒找借口，事实就是这样的，比如我妈自家的菜园子。我妈每天早上跳广场舞、剪纸，下午打火炮家业①，晚上打麻将，野草看到我妈就不敢往她家菜园长，瓜果菜蔬长得乖乖的。她喜欢往菜地里浇粪水，总不能说粪水就是杂草的克星吧。就算是，我这里也没有粪水，我这里是枝子的花园民宿，是许多人的诗和远方，不能有不可描述的味道。

带有神奇力量的老妈，只在我这里待了三五天，就翻完了我所有的地，还点了许多苞谷。她之所以匆忙要走，是因为她还惦记着打麻将和打火炮。

她前脚刚走，后脚牛筋草、牛膝菊、野苋菜就抬起了头。茜草最讨厌，它是一种爬藤植物，茎叶上密布小小的倒刺，随手一抓手就生疼。还有醉鱼草，它夏季会开出紫色穗状花簇，我曾准备留一两株赏花。但这家伙，一开花就到处都是。

其他的什么灰灰菜、鱼腥草也会不请自来。它们能吃，野草一旦能

---

①本地打击乐器配合说唱的一种音乐形式。

吃，看起来也就不再那么面目可憎了，例如鱼腥草，不但能吃，还是我最爱吃的食物之一，所以越看还越可爱了。

好友维维曾在春季帮我锄过一次草。她劳动的方式和我不大一样，但有一点是可以肯定的，她和我妈是一类人，是那种自带气场，让野草为之害怕的人。但维维毕竟还是年轻，气场没有我妈的足。

我除草的时候电话会响，不管是谁打的，总是认识我的朋友吧。我总不能说野草收买了我的朋友们在我除草的时候给我打电话吧。但我往往接完电话就忘记了我在锄草，所以我的薅锄、镰刀、剪刀这些园艺工具老丢，而维维却能在电话中说完了超级重要的国际大事后，波澜不惊地继续锄草。我会想等下吃什么，或者晚上怎么消遣，随之就忙开了，但天地为证，我每一天都会关心菜园和野草。

或许是我劳动的方式感染了维维，她和牛筋草搏斗完之后，又要沐浴更衣，又要搽脂抹粉。劳动一次不易，后来她再也没有来帮我用她的神奇力量吓唬我的野草了。老妈也忙得很，她已经组织起了一个火炮队，可以演奏薅草锣鼓之类的神农架传统音乐。她除了问我玉米地里的草薅了没有之外，对她自己亲手种下的糯齿白老种子玉米再无关心了。

我的农民朋友小商（我的小说《山的故事》里的男主角原型）偶尔有空会来帮我薅草，我自己三两次去田里汗流浃背地对付野草，反而更能挑起野草们的好胜心。总之它们又在短短不到一个月的时间里占据了整个菜园，我的菜园又成了陶渊明笔下的"草盛豆苗稀"。

草还是以牛筋草为主，还有牛膝菊、野苋菜、茜草、小蓬草。它们遮盖住了辣椒、茄子、西红柿，我每次只要看到它们都会去拔，总觉得每天拔草的速度比不过它们肆意生长的速度。一定是因为我身上没有那种神奇的力量。

事情的转机是我在七月请回了陆姐。她身上的神奇力量再次在枝子的菜园发挥了重要作用。

陆姐来的那天民宿就住满了。我们的民宿不用一次性餐具和用品，不用含磷洗衣粉，每天清洗工作量巨大。久雨不晴的几天，我退订了一个团队后，民宿清静了几天。陆姐让我买点萝卜、白菜和香菜种子回来。

陆姐说完这件事后，突然有一天，我发现田里的野草全部都没有了。

你说那些无论我怎么和它们斗争，它们都能在我菜园里横行霸道的野草，是早上要做三层楼卫生的陆姐在短短几天之内用薅、拔、砍的方法弄没的，我真不相信。

唯一能解释的，是陆姐和我妈、维维姐一样，身上有一种神奇的力量。

如果你们一定要说这种神奇的力量是勤劳的话，我还是有意见的，因为我不懒。

陶渊明也不懒，"晨兴理荒秽，戴月荷锄归"。

戴建业老师说，只能说陶渊明不知道怎么种田。或许我也是吧，种田拔草的时候，手机随手带着，外壳具有金属光泽的甲虫、一朵盛开的花、一窝蚂蚁，总会吸引我的注意力，有时候我还会拍些照片发朋友圈。总之，我没有做农民的专注。

维维姐说唯独在做茶一事上看见过我的专注。那我只能说教我做茶的师傅刘医生太狠太刮毒了，茶做不好，隔着手机屏幕都能感受到他要把我吃了，所以必须专注。

其实种地也是门手艺，得专注。

拔草也是。

观察了很久，我发现我之所以没有那种神奇的力量，是因为我不够专注。

  牛筋草、牛膝菊、商陆、小蓬草、野苋菜和它们的"朋友们",被陆姐的神奇力量隔绝在菜园之外。这是我种地两年来唯一的一次持久胜利。我现在要做的就是留住陆姐。

  陆姐喜欢热闹,欢迎你们来枝子的花园民宿看望有神奇力量的陆姐和特别吸引野草入驻的枝子。

  菜园子里的故事太多了,一直说要写豆子、茄子、辣椒、西瓜、南瓜、黄瓜、葫芦瓜和东方香草园,等真正开始写,却发现写得最多的是野草。

  陆姐常住在我这里,比亲妈还亲(别让我妈看见),野草被神奇的力量击退,满园瓜果菜蔬长势喜人。此为野草战记一。

  野草虽败犹荣,因为打败野草的不是枝子。

## 枝子战野草二：被撮合的友谊

我一直以为这个世界上有被撮合的爱情，不会有被撮合的友谊，做朋友合得来便是，合不来没人强求。

自由是友谊最大的魅力。

自从民宿管家陆姐来了之后，我的菜园现在也整整齐齐了，一垄玉米、一垄刚出芽的白菜萝卜、一块西瓜地，周围被攀缘月季、鸡心菊、美人蕉包围，细细品味菜园，小景致慢慢出来了。

即使有一棵牛筋草探出头来，也是歪歪细细、畏畏缩缩的，如余秀华诗句中的"提心吊胆的稗子"。

不知为什么，我开始怀念我的野草朋友们了。怀念它们肆无忌惮地占领我的菜园，包围茄子、辣椒到密不透风，那时，我偶尔能收获一个辣椒、茄子，那感觉跟买了很久彩票终于中了一千块钱一样开心。

2019年8月我出差半月余，回来还收了半箩筐辣椒，有些还红得特别正。红色的辣椒配满园乱七八糟的绿色狗尾巴草，远处的两棵枯树、如黛的远山，好一幅别有风味的风景图。

我最讨厌的是牛筋草。光听这名字就知道它有多顽固——牛筋一样坚硬，还带着牛的犟脾气！这家伙见土就能生根，长长了就从叶茎处再扎地生根，不久就能生出一大片。

但牛筋草、狗尾巴草也不是一无是处，看看它们的家族背景吧——

禾本科，这可是粮食作物大家族啊！

其实我对牛筋草、狗尾巴草这些禾本科植物还是非常有感情的。

当然不光是我，每个地球人都应该感谢禾本科植物。如果没有禾本科植物，我很难想象我们现在的总人口会是多少，又会以什么方式生活。游牧？不行，没有足够给牲畜吃的草，唯一可行的可能是和维京人一样做渔民海盗吧。现在是关心粮食和蔬菜的重要时刻，我们都应该好好认识一下禾本科植物。

狗尾巴草和玉米同属禾本科。

我常常说我自己的很多认知都是从野路子得来的。比如我喜欢植物，却叫自己"野生植物老师"，不是我认识的野生植物多，而是我认识植物靠的是野路子。虽然我也算得上是武汉大学植物学博士杜巍老师在神农架的编外学生，但别人拜师学艺是敬茶敬酒，我是直接给老师丢了个大全麦饼子。杜老师是河南人，尤爱面食。请他去我家吃饭，我做的是全面宴——饼子、饺子、包子、面条。虽然杜老师也收了我这个徒弟，但他不常在神农架，我就自己观察，自己读书，自己找规律。而我之所以用野路子研究植物是因为植物不会跑，可以乖乖地给你观察。植物还很慷慨，只要你找准了季节，要叶子给叶子，要花给花，要果子给果子，特别适合我这种学习全靠自己的野路子。

我用野路子研究植物，带着很多个人感情，而我的个人感情，很容易受吃的支配——我太好吃了，所以对植物的评判标准也简单粗暴到能不能吃。能吃的我就深入了解，不能吃的很容易被我忽略。

交代这么多，还是说回牛筋草吧，这种面目可憎名字也不太友好的植物不能吃，给鸡和猪吃它们也不太喜欢，即使中医说它能入药，我也很讨厌它。但秉着打狗也要看主人的原则，牛筋草作为伟大的粮食家族禾本科的重要成员，我还是要好好观察一下的。植物虽然千奇百怪，但同一个科属种归在一起一定是有原因的。

牛筋草、水稻、竹子这三种看起来八竿子打不着的植物，其实通过仔细观察会发现它们的叶组织特征、花序特征、花被特征、花粉粒特征、雌蕊和果实特征相似，用野路子翻译一下就是它们是同一科属的植物，叶子、花、果实有共同特征。有时候很多植物我不认识，但我能用它们花、果、叶的大致特征判断它们属于哪一科——禾本科、菊科、兰科……听起来是不是很厉害？

我最早想认识植物是刚参加工作做神农架地接导游的时候。很多游客会问这是什么树，那是什么花，开始我也和别的导游一样乱编，后来我带团，接待了父亲的同事，他们大都是林学专业的，他们故意逗我们玩，问我们这是啥那是甚，我们一样乱编。过一会偷听他们闲聊：导游就是会胡说八道。

那个时候我明白了一件事，有时候别人问你一个问题，可能不是想从你这里听到答案，而是想看看你到底知道多少。

我不希望大家对导游的印象就是胡说八道。作为一个神农架导游，应该是天上的知道一半，地下的全知道。

我刚开始学植物的野路子是至少要知道植物的名字。我们与人交朋友也是，至少要知道别人的名字，不管是学名、网名、笔名，还是绰号。

神农架有四千多种植物，我慢慢认识了大概百余种，后来得到专业人士的鼓励，他们告诉我如果四千种我能认全了，就不是导游了，得到中科院当院士去了。我一想，去中科院当院士，那得多不好玩呀！还是别认全了，就在我大美神农架当个野生植物老师吧，挺好玩的。

后来有人问我什么植物，不认识的坦荡地说不知道也没什么。正因为了解了植物学的博大精深，我才知道原来自己是那么无知，才学会了谦卑。所以植物不但是我最好的朋友，还是我人生路上的重要导师。我一直想把一个课题汇集成册——向植物学习生存的智慧。

后来互联网科技发达了，很多App软件可以辨识植物，我也用形色App和微信里的识花君小程序认识植物，与我的判断总能八九不离十。

有时候就这么看着牛筋草肆无忌惮地生长，夏秋时抽出花不像花、果不是果的分三叉的花序，风一吹就子孙遍地，我也敬它是合格的野草。

相较于牛筋草，同样是禾本科的狗尾巴草就有趣多了。小时候我们总扯狗尾巴草玩，或许是因为从小和它们玩到大，也算是老朋友了，它再跑到我田里，遮住了茄子和辣椒，我却没有像恨牛筋草一样恨它们。有时候孩子们来多了请老人们用它编个小蛐蛐儿给孩子们玩，也是个乐儿。

植物是我们最亲密的朋友之一，我们会根据我们的所需判断它们是朋友还是敌人。当然我觉得无论哪种植物都是朋友，但即便是最好的朋友，如果招呼都不打就住进你的家还是要出手管管的。牛筋草、狗尾巴草擅自占领我的菜园长达两年，直到管家陆姐的到来，它们的好日子才到头。两年的斗争，让我与这些杂草建立了难以形容的友谊。

在相互撕扯的过程中，它们肆无忌惮地生长，我干活不喜欢戴手套，手经常会在扯完草后被刺伤，指甲里也会留下黑乎乎的草汁液和泥土混合物，刷子都刷不干净。虽然我承认我拿野草没有办法，但它们也慢慢在我身上留下一些农人应该有的记号——日渐粗糙的双手和越来越黑的皮肤。

它们来的时候不预约，也没打算离开。它们的顽固终于把我打造成

附：田园记事

一个农民的模样。我与野草一直较量,终于在我的"援兵"到来后我取得了短暂的胜利,但我还是怀念与它们共处的时光。

我与野草较量两年,与它们结下了深厚的友谊。

向野草精神致敬!我要做一位乡村守卫者,也要学习野草精神。

# 枝子战野草三：人淡如菊，
# 菊说，我的套路你不懂

　　自从管家陆姐来了以后，民宿干净了，菜园里的禾本科野草也没有了，看似我取得了短暂的胜利。但昨天一整天凉爽的秋风吹过，小蓬草和一年蓬白色的种子随风飞舞，蓝天白云下，朋友们说美得想哭，我说这小蓬草要是入驻了我家菜园，那我不是想哭，而是我真的要哭了。

　　我和我的野生植物朋友——菜园野草系列故事，拖延了很久才磕磕绊绊地写到第三篇，虽然我每篇文章都写得很长，但连续性依然不能和见缝插针的野草相比。要每天更新，才能有更多朋友爱看。

　　这篇文章的腹稿在我脑子里已经打了许久了，仔细观察我菜园的杂草，我突然想到一个问题：为什么我菜园的野草大多都是禾本科植物，比如狗尾巴草、牛筋草，或者菊科植物，比如小蓬草、牛膝菊、鬼针草、一年蓬，还有豆科植物？菊科是双子叶植物的第一大科绝不是盖的，它具有超强的种子传播能力，我们平日所见的一朵菊花其实不是一朵，而是无数朵。我们肉眼所见的任何菊科植物的一朵花，实际上是由数十朵甚至百千朵管状花或舌状花聚集而成的，每一朵花在正常情况下都能成为种子。

　　"人淡如菊"这个词，是指人的品行、性格如菊花一样淡泊。但菊花从不这样想，我菊科植物就是来占满整个山头的，淡泊？不谈文学谈科学的话（这话真的显得枝子好不浪漫），"淡泊"这个词跟菊科植物关系真的不大。

其实我挺怕小蓬草这种野草的。它已经凭本事被列入了中国第三批外来入侵物种名单，它最厉害的不是舌状花一次开花产生无数种子的高产，而是这不起眼的野草居然会使用生化武器，它能通过分泌化感物质抑制其他植物生长。化感物质，简而言之就是植物的次生代谢产物通过一定途经进入环境的物质，包含酚类、生物碱和非蛋白氨基酸。

看不懂就别琢磨了，其实是啥我也不懂，你就理解成小蓬草会分泌一种抑制其他植物生长的东西，占领整个地盘。这个时候你还相信"淡如菊"是指菊花淡泊吗？不，那只是我们人类的一厢情愿而已。比较靠谱的还是"气质如兰"这个词，至少我菜园里的杂草至今为止还没有发现兰科植物。

走在村里被小蓬草占领的荒地，我总有一种冲动想拔光这些可恶的外来入侵杂草，但对我这种执行力差、气质如兰、不在乎土地收成的女子来说，即使脑子里想拔光村里的小蓬草一百次，手也难得动一下。

菊科植物靠着多子多孙的策略，成功成为双子叶植物第一大科，也成为人类生活中的朋友。我们所爱的艾蒿、茼蒿、莴苣等都是菊科植物，美丽的菊花也是。我菜园里种了许多大丽菊，明年还准备引进小丽菊。菊象征淡泊，既能吃，又能入药，还能观赏，中国古人把菊列入四君子之一。

菊是好菊，我种哪它长哪，好好开就好，但菊科的野草时不时释放点生化武器，实在是让我爱不起来。

牛膝菊我也不喜欢。

鬼针草听名字就来者不善，必须要处理干净。

所以，你知道当风中飞舞着千千万万的伞状白色小蓬草、一年蓬的种子时，我想哭的原因了吧！

　　枝子的花园民宿从垛壁子开始讲起，讲山里人怎样向大山讨生活，怎样用树木搭建遮风避雨的场所。建筑一直与人类相伴，是人类的朋友。在神农架莽莽雄山之中，我们从原始洪荒走到今天，与大山之外的世界交流、碰撞，找到了独属于神农架大山的建筑风格，这种建筑风格汲取了中华民族土木建筑的精髓。枝子的花园民宿的主题是建筑，我想用建筑讲述神农架大山里的故事，也希望用这些故事向山外的人传递这一座又一座雄山之中的爱与温暖。